TARRED MIT DEM GLEICHEN PINSEL

Ein Blick darauf, wie Menschen nach ihren Musikpräferenzen behandelt werden

Colleen Sedgwick BSSc, BA Hons (Soziologie)

Colleen Sedgwick

CONTENTS

Copyright (2018) von (Colleen Sedgwick) - Alle Rechte vorbehalten (ursprünglich geschrieben und komponiert 2006). Nachdruck 2019 und 2020 wieder.

Es ist nicht legal, Teile dieses Dokuments entweder auf elektronischem Wege oder in gedruckter Form zu vervielfältigen, zu duplizieren oder zu übertragen. Die Aufzeichnung dieser Veröffentlichung ist strengstens untersagt.

2019 (c) Colleen Sedgwick

Bild: 1 2016 (c) Colleen Sedgwick - Copyright-Hinweis

ÜBER DEN AUTOR

COLLEEN SEDGWICK

Colleen Sedgwick, eine australische Postangestellte, eine professionelle Studentin, eine Möchtegern-Akademikerin, eine Künstlerin, Karikaturistin und Illustratorin, bemüht sich für immer und versucht, ihr Handwerk zu verbessern.

Sie hatte einen doppeln Grad in Bachelor of Social Science und Bachelor of Arts (Majoring in Sociology) von der University of New England (in Armidale, NSW, Australien) abgeschlossen.

Während sie gerne zeichnete, malte und die anderen bildenden Künste, nahm sie ihr Handwerk erst 2010 ernst genug, als sie ihr Zuhause entschloss. Sie hatte dann eine Epiphanie, entdeckte viele ihrer verlorenen Kunstwerke wieder und beschloss, Cartooning und Illustration über Open Colleges Australia zu studieren.

Sie absolvierte 2017 ein Diplom in Grafikdesign an derselben Hochschule in Zusammenarbeit mit dem North Coast College of Technical and Further Education in Lismore.

ÜBER DIESES BUCH

Herzlichen Glückwunsch zum Kauf dieses Buches, ob per Papierkopie (Druck) oder elektronisch (über ein E-Book oder e-pub). Ihr Kauf wird in zukünftige Werke und die Ausgaben durch meine Ausbildung und Ausbildungentstehen; die Materialien und Werkzeuge verwendet, ume zu produzieren, verteilende und verkaufen dieses Buch und für zukünftige Arbeit von Yours Truly getan.

Im Jahr 2006 habe ich eine Thesenmitfassung mit dem Titel "Warning, Strong Language - A Comparison of Lyrical Content in Heavy Metal and Rap Lyrics" gemacht. Die Hypothese war, dass es eine starke Korrelation zwischen bestimmten Musikgenres wie Rap und Heavy Metal geben soll, lyrischen Inhalt, der verschiedene Themen bezeichnet und bestimmte Arten von Sprache enthält, und die wahrscheinlichen Implikationen, die mit diesen Phänomenen verbunden sind. Diese Implikationen können das Verhalten von Fans bestimmter Musikgenres, die wahrscheinlichen Folgen für ein solches Verhalten und die zukünftigen "Lebenschancen" umfassen, die man als bestimmten Musikfan hat.

Das war jedoch nicht immer der Titel meiner These: Der ursprüngliche Titel sollte "Und Gerechtigkeit für alle: Ein Blick darauf, wie Menschen nach ihren Musikpräferenzen behandelt werden" lauten. Ich wollte mich ausschließlich auf Heavy Metal konzentrieren. Das wäre meine Hypothese:

> Die Medien haben negative Stereotype schwere Musik; stigmatisierung und Marginalisierung von Bands und Fans; und Ausschluss aus den etablierten Institutionen. Diese Marginalisierung wird durch die Behörden (religiös oder anderweitig) und die sozialwissenschaftliche Gemeinschaft verstärkt, hat die Musik "unterirdisch" getrieben und die Fans gegen die Etablierten aufbegehrenlassen.

Dann änderte ich den Titel in 'I Love it Loud – A Comparison of the Heavy Metal and Rave Scenes', wo ich die Metal-Szene mit der Rave (oder Techno) Szene vergleichen würde. Hier ist meine Hypothese für diesen Aufsatz:

> "Aufgrund der gemeinsamen Gefühle der Ächtung und des Versagens der Mainstream-Einzelhandels- und Medien, ihre Musik ihrer Wahl zu spielen oder zu lagern, haben Heavy Metal-Fans ein Gemeinschaftsgefühl untereinander und untereinander und den Bands entwickelt und sich so vor dieser Musik schützen. Mit anderen Worten, es sind "wir und sie". Für Fans ist Heavy Metal ihr "Glaube" und sie müssen ihn "gegen Ungläubige verteidigen". Vier Fragen sind aufgekommen: Wie wird dieses "Wir" konstruiert? Woraus besteht dieses "Wir"? Wie wird sie aufrechterhalten? Und wie ist es im Ver-

gleich zu anderen Gemeinschaften, die auf Musikpräferenzen basieren, wie zum Beispiel die Dance
Community?

Ich wollte dies auch zu einer qualitativen Studie
machen, in der ich eine Umfrage durchführen,
Antworten erhalten und diese zu einer These
zusammenfassen würde. Allerdings erlaubten
mir die Fristen nicht, genügend Antworten von
anderen Leuten zu sammeln (ob sie Heavy-Metal-
Fans waren oder nicht).

Daher musste ich meine Taktik ändern und Daten
aus anderen Quellen sammeln, wie die ARIA- und
AMRA-Organisationen und die Dark Lyrics- und
Original-Rap- und Hip-Hop-Lyrics-Websites. Der
Aufsatz wechselte dann von einem qualitativen
zu einem "quantitativeren", analysierte vorhan-
dene Rohdaten und zog daraus Schlussfolgerungen.

Die Zeit erlaubt, ich habe vielleicht mehr Musikgenres und Songtexte verglichen, aber am Ende
verlagerte den Fokus mehr auf Heavy Metal
und Rap-Musik. Im Vergleich zu anderen populären Musikgenres wie Country, Disco oder Pop
(Soft Rock) hatten Metal und Rap mehr Kontroversen als diese Genres ausgelöst. Ich musste
auch andere 'schwerere' Musikgenres mit Heavy
Metal verschmelzen, wie Punk, Grunge, Industrial
und so weiter, sowie die 'Subgenres' von Heavy
Metal (Schwarz, Thrash, Power Metal, Glam etc);;
und Rap hatte auch viele verschiedene Subgenres

selbst, die ich auch verschmelzen musste.

Techno hingegen hatte trotz seines begrenzten lyrischen Inhalts viel mehr Kontroversen als andere Tanzmusik erregt: Die Texte (wenn sie überhaupt existieren) sind von Natur aus repetitiv und ebenso wie der Rhythmus (dazu gehören schlagzeug und Bass, Trance und Dubstep). Wenn es eine "moralische Panik" von Eltern, Erziehungsberechtigten und anderen Autoritäten über Techno und ähnliche Dance-Musik-Genres gibt, würde ein Großer der Sorge die Probleme, die auftreten, auf ring Tanzpartys, wie bei der Einnahmen "Partydrogen" übergehen rund die Problems Ocker

Ich habe auch die meisten meiner Forschungen auf Metal (oder Heavy) und Rap-Musik in den späten 1990er und frühen 2000er Jahren basiert. Also, wenn Sie bereits die erste Ausgabe dieses Buches überhaupt gekauft haben, herzlichen Glückwunsch. Sie haben am ehesten ein Sammlerstück gekauft. Es hatte eine Menge Fehler, wie keine Seitenzahlen, so wird es wahrscheinlich nicht Massen produziert werden, es sei denn, eine ganze Menge Leute wollen es kaufen. Es geht um Wirtschaft, Marketing und Angebot und Nachfrage.

Wenn Sie also bereits die ursprüngliche "Bare Bones"-Edition besitzen, werden Sie diese noch mehr genießen. Ich habe mehr "Glocken und Pfeifen" enthalten, einschließlich zusätzlicher Grafiken, Seitenzahlen, mehr Links zu nützlichen

Websites und eine ganze Reihe anderer Dinge.

Die ursprüngliche Version war auch voll von vielen typografischen Fehlern (wie meine Universitätsprofessoren mir gesagt hatten) und ich erkannte, dass sie einen vagen Arbeitstitel hatte, den ich vielleicht genauer erklären nieder musste. Auf welche "Musikpräferenzen" beziehen wir uns zum Beispiel genau? Welche Stereotype waren aus diesen Musikpräferenzen hervorgegangen und wie waren sie entstanden? Und die "sie", auf die ich mich beziehe, handelt davon, wie die einzelnen Gruppen von Menschen, die Fans bestimmter Musikgenres sind; und wie sie nach diesen Stereotypen behandelt werden (dies ist, was Psychologen als "Erwartungseffekte" bezeichnen).

Oder vielleicht bevorzugen Sie die ältere Version dieses Buches, mit seinem K.I.S.S Stil (nicht die Band, Kiss, ich fürchte; obwohl ich sicher bin, dass sie eine Erwähnung bekommen). Beiat vereinfachter, klassischer Version istein "Selbstporträt" vergangener Tage, und seitdem haben sich meine eigenen Ansichten etwas geändert. Ich bin jetzt viel älter und einige Zeit war vergangen, da ich eine Menge Forschung zu diesem Thema gemacht habe, und es war einenoch längereZeit, seit ich das letzte Mal an der Uni gewesen war.

TEIL I
More about me

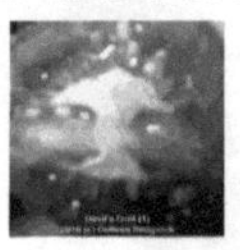

COLLEEN SEDGWICK

IT ES MY LIFE: MY LIFE STORY

Ein Fehler, den ich mit der ersten Ausgabe gemacht habe, ist, dass ich Ihnen nicht gesagt habe, was mich dazu bewogen hat, dieses Buch zu schreiben. Sie haben vielleicht im vorherigen Abschnitt gelesen, dass ich meine Arbeit zu diesem Thema gemacht habe, aber Sie kennen nicht die Faktoren, die mich dazu gebracht haben, wie Metal, Punk, Hard Rock usw. usw. (Hier Musikgenre oder Subgenre einfügen). Nun, Sie werden es in diesem Abschnitt herausfinden.

MUSIK IST MEIN LEBEN: MEINE 'PRE-METAL' TAGE

Ich weiß nicht, ob ich Metal schon immer mochte, aber vielleicht irgendwann, irgendwo, muss ich es gehört haben.   Ich erinnere mich bewusst an Folgendes:

Meine Mutter hörten oft das Radio in der Küche, wechselte es ofting auf 2UW an Schulmorgen - das war ein sehr beliebter AM Radiosender hier in Australien zu der Zeit. Sie pumpend oft die glorreichen Hits der 1970er Jahre der Zeit aus, und am Wochenende war es ein Genuss, das Top-40-Programm während dieser Zeitzuhören.

Neben meiner Mutter, die 2UW hörte, hatte mein Vater einen sehr guten Plattenspieler mit einem hochwertigenPlattenspieler und schönen Lautsprechern. Sie spielten klassische Musik, Soundtracks zu Musicals, verschiedene "easy-listening"-Künstler wie Roger Whittaker oder Robert Goulet und (wenn sie sich besonders großzügig fühlten) verschiedene Kinderplatten mit Kinderreimen, Geschichten (ähnlich den "Hörbüchern", die es jetzt gibt) und Weihnachtslieder. Soweit meine Geschwister gehen, sind sie beide jünger als ich: mein Bruder war fasziniert von der Idee, eine Nadel in eine Platte wegen meines Vaterszusetzen; während meine Schwester (die gerne tanzen liebte) höchstwahrscheinlich davon träumte, eine Ballerina wie viele junge Mädchen in ihrem Alter zu sein.

Und es war nicht nur das Radio oder der Plattenspieler, der mir bei meiner Musikfreude etwas Mitrolle einspielte. Ein Teil dieses Kredits muss an das Fernsehen und die Filme gehen, die auch Musik verwenden, um den Ton anzugeben. Früher habe ich Disney-Filme, Warner Brothers und Looney Tunes Cartoons gesehen, und dann Australian Bandstand mit Daryl Somers, Countdown mit Molly Meldrum und Sounds Unlimited mit Donnie Sutherland. Ich erinnere mich, den Disney-Film Fantasia mit seiner perfekten Kombination aus Musik und Motion Graphics unter anderen Filmen, die er gemacht hat, gesehen zu haben. Und (so sehr mich Anzeigen ärgern) TV- und Radiowerbung muss einen sehr guten Job machen, wenn ich wenigstens aufstehen und notizen kann, wenn diese Anzeige mir ein Lächeln ins Gesicht bringt, oder es mich dazu bringt, meine Eltern zu betteln, einen tatsächlichen Artikel (Produkt) für meinen Geburtstag oder Weihnachten zu kaufen.

Ich erinnere mich, wie ich die Beatles mit ihren animierten Cartoon-Shows beobachtete; und die Monkees und Partridge Family hatten auch ihre Shows, die mich in die "Freuden" der 1960er Jahre Rock und Pop eingeführt.

Ich erinnere mich auch an meine Tante, die einen schönen Platz in der Sutherland Shire Region hatte und deren Mann (der ausgerechnet aus Deutschland stammte – aber später mehr über Deutsche) eine echte "State of the Art"-Stereoanlage hatte, und beide führten mich in die Freuden von Status Quo, Boney M, Tina Turner und James Last ein.

Eine Sache, an die ich mich nicht bewusst erinnere, ist, dass mein Cousin (der bis vor kurzem Ein Toningenieur war) mich Led-Zeppelin über seine Kopfhörer hören ließ. Ich muss damals nur ein Kleinkind gewesen sein, aber ich erinnere mich, dass meine (väterliche) Großmutter und mein Onkel (Vaterbruder) mir das viel später erzählten.

Es muss einen erheblichen Einfluss darauf gehabt haben, wie ich gekommen war, um zu mögen, was die meisten anderen Leute als "gefährliche" Musik wahrnehmen würden (Levitan, 2006: Inside Page): Ich würde dann weiter viele Melodien genießen, die die meisten Leute sonst nicht in Betracht ziehen würden, wenn sie diese Melodien nicht einen "Whirl" auf ihren Plattenspielern, Kassettenspielern oder CD-Playern gegeben hätten, sie im Radio oder durch ihre Freunde oder Kollegen in der Schule hörten (oft, wenn jemand einen Transistor mitbringen würde). Radio oder Kassettenspieler zur Schule).

Wenn ich also über Radios und moderne Musik spreche, wage ich hier mit all seiner "gefährlichen" Musik in die Pubertät und wie ich sie in all ihren Formen zu schätzen gelernt hatte.

PRE-ADOLESCENCE: HOCHSPANNUNG ROCK'N'ROLL

Hier werden Bands wie Kiss, Queen und AC/DC erwähnt – es waren jene Hard-Rock-Bands, die nicht unbedingt zum Stereotyp des Heavy Metal passten, aber dennoch von vielen Leuten als "gefährlich" galten.

Sie waren gefährlich, weil man sich in unbekanntes Terrain wagte, weg von der "sicheren" Top 40 Musik wie Abba und dem Village People zu etwas, das eher Airplay auf einem weniger bekannten Radiosender erhielt. Damals war es der inzwischen nicht mehr existierende AM-Sender 2JJ (Double Jay, der später der FM-Sender Triple J wurde) und in geringerem Maße 2SM und Triple M – der ehemalige Spielen von Punk, Post-Punk und Electronica sowie Heavy Metal, und die beiden letzten spielten mehr "Mainstream"-Hardrock.

Viele Musiker und Genres waren auch wegen ihres Images gefährlich: Kiss (aus offensichtlichen Gründen, wie ihr Image und Ihre Bühnen-Antiken), AC/DC (für ihren 'harschen' Sound und 'Bad Boy' Image, ditto für Rose Tattoo and the Angels), "Glam Rock"-Bands wie Queen (sehr "Avantgarde" für ihre Zeit) und The Sweet, Slade oder David Bowie (einige von ihnen passten nicht ganz in die "Was es bedeutet, ein Mann zu sein" Box) und zahlreiche Punkbands (mit den Sex Pis-

tols, die in den Köpfen der meisten Leute hervor-
stechen, einschließlich meiner eigenen).

PUBLIC IMAGE: DER SONDERFALL "PUNK ROCK"

Hier kann ich über die Sex Pistols, Public Image Ltd (kurz PIL) und John Lydon (Johnny Rotten) sprechen. Wie Kiss waren auch die Sex Pistols für ihre On-Stage-Antiken bekannt: Schwören (oder, wie die Amerikaner es nennen würden, kuscheln), spucken, Mode annehmen, die damals nur wenige Menschen wagen würden, und (besonders) ihre höchst umstrittenen Texte.

Viele der Interviews, die ich über die Sex Pistols gehört hatte (vor allem die mit John Lydon), hatten gezeigt, dass er einer der ersten "Rockstars" war, der keine Angst hatte, "das Establishment" zu nennen – ob es nun die Queen, das britische Parlament, die katholische Kirche, das britische Bildungssystem und (besonders) große "Popstars" und Prominente waren, darunter Jimmy Saville (Watson), 2017c).

Die Punkbands galten damals als besonders gefährlich, weil sie nicht nur Konventionen trotzten, sondern die Menschen auch dazu ansherzten, sich auf eine Weise zu rebellieren, die der eigenen Gesundheit oder ihren Mitmenschen schaden könnte: spucken (unhygienisch), tragen "schmutzige Kleidung" (obwohl sie nicht unbedingt unhygienisch waren, aber sie projizierten ein Bild, das viele "irritiert" hatte), Drogen nehmen, in Kämpfe geraten und so ziemlich "ein schlechtes Beispiel" für andere junge Leute geben.

Punkrock war damals die "da draußen" Musik, die man sich vorstellen konnte, insbesondere Herr Lydon mit seiner Offenheit in vielen Fragen, und er vermeidet weiterhin Werte, die das "Establishment" für richtig und richtig hält. In einem YouTube-Video von Paul Joseph Watson (2017c) sagte er dies über den Brexit (den Austritt Großbritanniens aus der Europäischen Union):

> "Die Arbeiterklasse hat gesprochen(n), und ich bin einer von ihnen und ich bin mit ihnen."

Er sagte auch, dass Donald Trump die "politische Sex Pistol" etwa 28 Sekunden nach dem Video war.

Just
my
2 CENTS

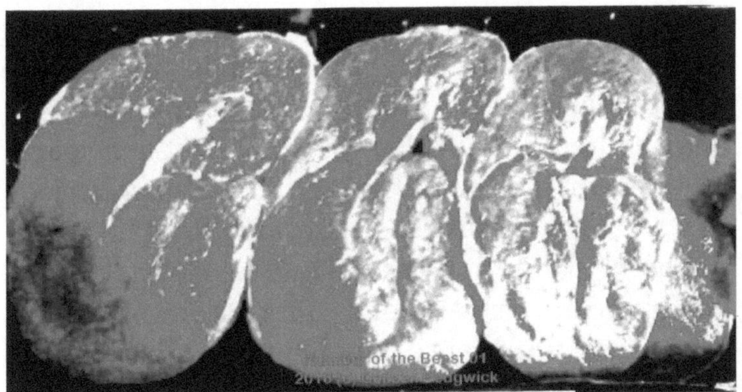

Bild: 2 - 2016 (c) Colleen Sedgwick: Hergestellt mit Photoshop

ADOLESCENCE: METAL GODS AND THE NUMBER OF THE BEAST

Hier habe ich mein Interesse an einer Vielzahl von Metal-Bands entwickelt, darunter (und vor allem) Judas Priest, Def Leppard, Iron Maiden und Motorhead, also "die Welle" der NWOBHM (New Wave of British Heavy Metal) Bewegung zu fahren. Parallel zu dieser Bewegung waren Bands in Amerika wie Van Halen und Motley Crue, aus Deutschland (Accept, The Scorpions), Kanada (Triumph, Anvil) und unser eigener 'Aussie Metal' (Heaven, the Bengal Tigers and Axe Attack).

Und leider kam mit dem Aufstieg (oder Wiederaufleben) der "mächtigen" technisch anspruchsvollen Heavy-Metal-Musik die "Satanische Panik" – Anschuldigungen des Satanismus, Sexismus, Drogenkonsums und sogar Pädophilie, häuslicher Missbrauch und Vergewaltigung. Diese Probleme beschränken sich nicht unbedingt auf Heavy Metal – wie ich später besprechen werde, richteten sie sich auch an jede Art von Musik, die eine Bedrohung für 'The Establishment' darstellen könnte und tatsächlich schon vor einer modernen Rock- oder Popmusik existierte (und wird es wahrscheinlich auch danach weiter geben – damals war es Heavy Metal, der sich meist in der 'Feuerlinie' befand.

Es war auch eine Zeit, in der ich verschiedenen "Jibes" und Namensnennungen ausgesetzt war: Ich war nicht nur ein 'Westie', ein 'Bogan', 'dumm' oder ein 'No-Hoper', der 'auf Drogen' gewesen sein könnte, ich war jetzt angeblich ein 'Satanist', ein 'Teufelsverehrer', ein 'Schlampe' und eine 'Hexe'). Ich musste (wie Rob Halford sagen würde), "Defend the Faith" (Kirche und Stein, 1984): Heavy Metal war der 'Glaube' und die Dinge, um es zu 'verteidigen', schlossen es mit anderen jungen Leuten, vor allem mit meinen 'Nicht-Metall'-Kollegen, und aus der 'Beunstigkeit' meiner Eltern und Lehrer ein. Aber jetzt musste ich mich auch gegen die neu entdeckten 'Anschuldigungen' des Satanismus wehren; und versöhnen mein Interesse an Metal und meinen bereits existierenden katholischen Glauben. Oh, der Stress von allem!!!

THRASH TO THE DEATH: JENNETS MEINER TEENAGER JAHRE

Hier komme ich in das bisher unbekannte Terrain von Thrash Metal und anderen extremeren Genres. Für mich, Thrash klang wie 'Punk auf Steroiden' oder 'Iron Maiden auf Steroiden'. Mit anderen Worten, es hatte die Geschwindigkeit und "Shoutiness" den Punk mit der technischen Raffinesse der modernen Heavy-Metal-Bands wie Iron Maiden und Manowar, und ein bisschen von der "Teufelsverehrung" von Black Sabbath.

ZUR HÖLLE MIT DEM TEUFEL: DER SONDERFALL CHRISTIAN METAL

Auch christliche und "nicht-satanische" Bands standen vor der Lupe. Stryper wurde vorgeworfen, das Christentum als Werbe-Stunt und von der Presse als Heuchelei benutzt zu haben. Auch die Feuerwehr warf ihnen vor, mit ihrem Image "zu sexy" zu sein (Goldstein, 1987). Einige Christen sahen jedoch Gutes und Schlechtes in allen Formen der Musik. Pat Metsiti von Youth Alive fragte: "Wer soll sagen, dass Death Metal böser ist als Country und Western? Es ist die Botschaft und das Bild, die das Problem sind" (Halle, 1997).

Das war eine Möglichkeit, wie ich es geschafft habe, Christentum und Heavy Metal zu versöhnen, nicht nur zu wissen, dass es Christian Metal- und Rockbands gab, sondern auch zu wissen, dass nicht alle Christen unbedingt gegen die Idee waren, "schwerere" Musikstile zu mögen. Es ging nicht nur um Gospelmusik oder durch die dirgeartigen Melodien, die auf der Orgel in der örtlichen Pfarrkirche gespielt wurden, wenn ich lieber mit Stryper, Bloodgood, Messiah Prophet,

Baron Cross oder Barnabus mitsingen würde.

WILLKOMMEN IN MEINEM NIGHTMARE: EREIGNISSE, DIE MICH DAZU GEBRACHT HATTEN, MEINE THESE ZU SCHREIBEN

Wenn sich mein Geschmack änderte und an verschiedene Musikgenres anpasste, war dies oft auf dem Höhepunkt einer Art 'moralischer Panik', und in den späten 80er und frühen 90er Jahren war dies der Höhepunkt der 'Satanic Panic' und ihrer anderen moralischen Panik, die jede andere Art von moderner Musik umgeben würde, aber vor allem jene Genres am 'schwereren' Ende des Musik-spektrums. Diese Genres würden Grunge, Indus-trial, Gothic (oder Dark Wave) und vor allem Black und Death Metal umfassen.

Ich musste mich nicht nur als Christ (oder zumindest aus christlichen Verhältnissen) mit ausgefallenen Black Metal Bands wie Impaled

Nazarene oder Dark Throne versöhnen; oder der damals größte "Gender Bender" – Marilyn Manson; als "Feminist" mit sympathischen Bands wie Bulldozer oder Pungent Stench, die sexistische Texte haben (macht mich das zu einem 'internalisierten Misogynisten, wie Christina Hoff-Summers [2016] es ausdrückte [siehe auch Albrechtsen et al, 2015]); oder ein "Sozialist" zu sein – so etwas wie ein Eintreten für die Gewerkschaftsmitgliedschaft oder für Naturschutz und Umwelt – mit Sympathie NSBM (Nationalsozialistisches Schwarzmetall)?

Die snide Kommentare, die ich in den 1980er Jahren ertragen hatte, eskalierten manchmal über die Namensgebung hinaus, Menschen, die ohne ersichtlichen Grund an mich kicherten und Witze über "Teufelsverehrung" machten: Mir wurden oft viele persönliche Fragen über mein Sexualleben, mein soziales Leben gestellt, ob ich "auf Drogen" war oder nicht, wenn ich in "Bondage" und so weiter war. Das war einfach gruselig!!!

Die Antworten auf diese Fragen reichten von : 'Vielleicht?', 'Ich würde das lieber nicht beantworten', 'Es ist wirklich nichts von deinem Geschäft', 'Es ist nichts von deinem blutigen Geschäft' bis zu 'Mind your own f***king Business'.

Aber auch das war nichts im Vergleich zu dem, was viele Leute "Straßenbelästigung" nennen. Es beinhaltete die snide Bemerkungen und mehr

– (meistens) Jungs Wolf-Whistling und 'Cat-Calling' (schreien Sachen), sogar schreien Zeug auf mich (und oft von der relativen Sicherheit ihrer Autos); Schieben und Schieben – oft an überfüllten öffentlichen Plätzen (dies geschah mehr von anderen Frauen als von Männern); und "Gesichtsverbrechen" (diesen bedrohlichen Gesichtsausdruck, den man von jemandem bekommt, der die Art und Weise, wie man aussieht, nicht mag).

Der schlimmste Vorfall wär, war, als ich 2004 in einer Nachmittagsschicht war und so darauf wartete, dass der Bus spät in der Nacht nach Hause fuhr. Ein Vorbeifahrenfuhr, heraus kam eine Hand und eine "Rakete" (in diesem Fall eine Glasbierflasche) kam auf mein Bein zu. Während ich einen direkten Schlag verhinderte, traf die Flasche den Boden, zerschmetterte in kleinere Stücke und eine der Scherben traf mein Schienbein.

Während ich anfangs unter Schock stand, stieg ich noch in den Bus und versuchte, mich so zu verhalten, als wäre nichts passiert. Als ich den Bus anzündete, kam enden einige "Zeugen" zu mir, die mir sagten, dass sie sahen, was passierte, und gaben mir sogar das Autokennzeichen der Täter.

Ich habe es dann der Polizei und dem Management bei der Arbeit gemeldet (falls es meine Leistung, mein Wohlbefinden oder meine Anwesenheit beeinträchtigen würde). Ich sagte der Polizei, dass ich ins Visier genommen wurde, weil ich damals ein sächsisches T-Shirt trug. Ihre Antwort darauf war 'Sind Sie sicher?', worauf ich antwortete: 'Nicht viele junge Leute, die Heavy Metal nicht mögen, mögen diejenigen, die es tun?' Ich wollte nicht auf alle Argumente eingehen, warum ich ins Visier genommen wurde (oder warum ich es nicht sein sollte), vor allem, weil ich nicht die Energie hatte, mich zu rechtfertigen oder zu lesen, was genau diese Leute "ausgelöst" hat, um so etwas zu tun. Mein einziges "Verbrechen" für mich war, den "falschen Blick" zu haben, "am falschen Ort, zur falschen Zeit" zu sein und nicht dem "Diktat" der Mode zu folgen.

Der Vorteil war, dass ich im Vergleich zu vielen anderen Menschen leicht davongekommen bin – mit diesen Menschen, die in der Schule härter gemobbt, auf der Straße schikaniert, mit Vergewaltigung bedroht und sogar geprügelt wurden.

Einer der schlimmsten dokumentierten Fälle war

Sophie Lancaster (Travers, 2017), wo sie und ihr Freund von einer Bande von Jugendlichen angepöist wurden, und während der Freund überlebte, tat sie es nicht. Erveranlasste eine Untersuchung über die Möglichkeit, eine neue Kategorie von "Hassverbrechen" und "Hassvorfällen" im Vereinigten Königreich zu schaffen, basierend auf der eigenen Subkultur, die auf Kleidungsstil und Musikpräferenzen basiert. Ein weiteres Video (diesmal auf Facebook) von James Sebastian Henot (2009) zeigt einen weiteren Nachrichtenbericht über einen physischen Angriff auf eine Gruppe von Goths.

Ich habe von den Begriffen "Homophobie", "Transphobie", "Xenophobie" und "Islamophobie" gehört. Jetzt gibt es *Alterophobie*: Stephen Minton (2016) definiert dies als "Vorurteile, die sich an Mitglieder alternativer Subkulturen richten" (z.B. Goths, Punks, Emos, Heavy Metal Fans) (Minton, 2012). Neben Sophie Lancaster nannte Minton ein weiteres Beispiel in den USA, 10 Jahre zuvor im Jahr 1997 – der Name dieser Person war Brian Deneke, ein Punk-Typ aus Texas, der von einigen Jocks überrannt wurde.

Liegt es am "Sexismus" im Heavy Metal? Einige der Mobbing- und Belästigungsvorwürfe kamen von Leuten (hauptsächlich Männern), die Heavy Metal selbst gemocht haben könnten. Dies wird wahrscheinlich der "feministischen" Erzählung widersprechen, dass Metal sexistisch ist, aber die meisten männlichen "Headbanger", die ich persönlich kenne, sind im wirklichen Leben nicht unbedingt sexistisch oder frauenfeindlich und haben keine Mühe, zwischen Fantasie und Realität zu unterscheiden.

Mehr noch, die meisten dieser Mobbing- und Belästigungsvorwürfe kamen von außen – oft von anderen jungen Leuten, die nicht verstehen, was jetzt zu einer sehr vielfältigen und nuancierten Musikszene geworden ist (wenn man die "Vielfalt des Denkens und der Meinung" in den Mix einnimmt).

Könnte es auf toxische Männlichkeit bei Männern im Allgemeinen zurückzuführen sein? Eine Feministin könnte dies argumentieren, zumal die meisten meiner "Belästiger" männlich waren und weil ich nicht immer in die Box "Was es bedeutet, eine Frau zu sein" passe. Aber diese Erzählung kann auch problematisch sein: Die meisten Männer (auch diejenigen,, die Heavy Metal nicht mögen) vergewaltigen, verprügeln oder belästigen Frauen (auch jene Frauen, die Heavy Metal mögen). Der Vorfall von Sophie Lancaster deutet darauf hin, dass der Freund auch geprügelt wurde, also glaube ich nicht, dass die Absicht notwendigerweise frauenfeindlich ist.

Einige der früheren Vorfälle betrafen andere Frauen (besonders während meiner Teenagerjahre, als ich zwei Mädchen-High-Schools besuchte), und manchmal sind Frauen schneller, sich gegenseitig niederzureißen, als das, was Männer ihnen wahrscheinlich antun. Eins einige dieser Mädchen mögen Punk und Post-Punk gemocht haben, aber nicht Metall, prägte ich den Begriff "Metallophobie" – der nicht nur die negativen Reaktionen auf die Art und Weise beschreibt, wie Heavy-Metal-Bands aussehen und sich kleiden, und die Sorgen um ihren Einfluss auf Fans, vor allem Jugendliche:Neben den Vorwürfening der "Religiösen Rechten"würde auchähnliche Behauptungen von der jetzt "politisch korrekten" (und ebenso "puritanischen"

Im Vereinigten Königreich gab es seit dem Mord an Sophie Lancaster eine Kampagne, um die Diskriminierung und Belästigung und Dasschigung von Menschen aus "alternativen Subkulturen" zu verbieten und die Polizei diese Vorfälle als "Hassverbrechen" oder "Hassvorfälle"zuerfassen, je nach Schwere der Geschehnisse (Travers, 2017).

Unterdessen verschließen die "Champagnersozialisten" hier in Australien die Augen, wenn es um "Hassverbrechen" oder "Hassvorfälle" gegen die gleichen Subkulturen in diesem "Glücksland"geht, während sie gegen Islamophobie, Homophobie, Rassismus, Sexismus und sogar "Transphobie" predigen. Sie sagen dem Rest von uns schnell, dass es falscho ist, Menschen mit Farbe oder aus einer anderen Religion zu kritisieren, oder die ihre eigene Sprache sprechen – egal wie negativ ihr Verhalten auch sein mag. Ditto für Leute aus der LGBTQ+ 'Community'. Mir wurde oft "falsches Denken" vorgeworfen, und es ist nicht die "religiöse Rechte", die die Anschuldigungen gemacht haben. Aber wieder mehr davon später. Aber die Frage, warum es nicht in Ordnung ist, Farbige und "Queer" zu kritisieren, aber es ist immer noch in Ordnung, Heavy-Metal-Fans, Punks und Goths zu kritisieren. Sicherlich sollte für diese Gruppen derselbe Grundsatz gelten, wie er in der Vergangenheit auch für andere "benachteiligte" und "marginalisierte" Gemeinschaften galt.

Deshalb erfordert die Musik oft einen nuancierten, facettenreichen und multidisziplinären Ansatz, wenn es um die inhaltliche Analyse geht, und dies wiederum hat mein Interesse an den Verhaltens- und Sozialwissenschaften – insbesondere der Soziologie, Psychologie und Politik – geweckt. Ich muss verstehen, warum einige Leute einige Arten von Musik mögen und nicht andere, und herausfinden, was gegen Probleme wie die Belästigung und das Mobbing bestimmter Subkulturen zu tun ist, so dass sie in Zukunft seltener auftreten werden.

Wie auch immer, ich denke, Sie haben genug über mich gehört, jetzt gibt es etwas, das ich hoffe, dass Sie wirklich mögen werden (Zitat von Rocky und Bullwinkle): die fleischigen Bits basierend auf meiner Forschung für meine Arbeit (die Sie sicherlich lieber hören würden).

SOUND
ON

TEIL II: WILLKOMMEN IN DER HÖLLE –

Gibt es wirklich einen direkten Zusammenhang zwischen moderner Musik und problematischem Verhalten?

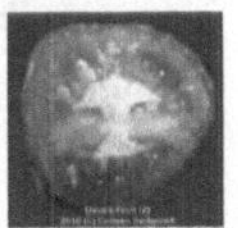

WILLKOMEN IN DER HOLLE

Von einer Fast-Food-Kette heißt es auf den Pizza-Paketen: "Vom Fahrerlager zum Teller – Unsere Produkte sind 100% australisch". Wenn Sie nur den ersten Teil dieser Aussage gelesen hätten (vom Fahrerlager zum Teller) und nicht den zweiten Teil (der 100% australische Produkte verspricht), hätten Sie irrtümlicherweise geglaubt, dass eine Kuh direkt vom Bauernhof zu Ihrem Esstisch gebracht worden sein könnte, oder dass die Tomaten zu Ihnen gebracht worden wären, nachdem sie von der Rebe oder dem Weizen aus dem Boden gezogen worden waren.

Aber wenn Sie zwischen den Zeilen lesen könnten, wüssteman, dass Tiere geschlachtet und geschlachtet werden (und Milchvieh gemolken wird, bevor die Milch zu Käse verarbeitet wird), Gemüse gepflückt und verarbeitet wird, Weizen zu Mehl und so weiter, bevor es an die lokale Franchise geschickt, zu einer Pizza verarbeitet und zu Ihnen nach Hause geschickt wird.

Sie könnten fragen: "Wie ist das relevant für Heavy

Metal Musik" (und all ihre ähnlichen Genres)? Wir alle wissen, dass die Pizzaherstellung für das vorstehende Thema nicht unbedingt relevant ist, eine ähnliche Analogie wird oft auf die "Ursache und Wirkung" oder falsche Verbindungen zwischen Musikgenres und Verhaltensproblemen junger Menschen angewendet.

Heavy Metal und Rap sorgen seit den 1980er Jahren für Kontroversen, vor allem von konservativen Gruppen wie dem Parents' Music Resource Centre, Moral Majority und Young People against Heavy Metal T-Shirts. Diese Gruppen glaubten, dass die Texte in diesen Genres antisoziales Verhalten bei jungen Menschen anstacheln – ein Thema, das auch von Studien von Sozialwissenschaftlern wie Deyhle (1998) und Ballard und Kollegen (1999) im Mittelpunkt steht. Daher forderten sie mehr Einschränkungen für die verkaufte Musik (vor allem an Minderjährige); und ein Klassifikationssystem für Audioaufnahmen mit "anstößigem Inhalt", um Aufkleber zu tragen, die den Verbraucher vor diesem Inhalt warnen. Sowohl in Australien als auch in den USA haben Heavy Metal und Rap mehr Warnaufkleber als andere Genres getragen.

Die Frage ist: Sind Rap und Heavy Metal offensiver; oder mögen einige Mitglieder der Öffentlichkeit diese Genres nicht und wollen sie zum Schweigen bringen? Die Antwort liegt im Vergleich von Heavy Metal und Rap; Die Untersuchung des

Zusammenhangs zwischen Heavy Metal- und Rap-Texten, dem Verhalten der Fans, der Kontroverse (moralische Panik) über vergangene Ereignisse, Aufrufen zur Zensur und der Art und Weise, wie Fans behandelt werden. Ich habe die Hypothese getestet, indem ich die Anzahl der Klassifizierungsstufen (d. h. Warnaufkleber) in Metal, Rap und Dance (basierend auf dem australischen Klassifikationssystem) verglichen habe; und die verschiedenen Arten von lyrischen Inhalten in Heavy Metal und Rap (um die Stereotype numsch, die diese Genres umgeben).

Die Definition von Heavy Metal oder Musik umfasst die meisten lauten, hohen Dezibel-Musik; Phillip Bashe (1985) argumentierte, dass Steppenwolf den Begriff prägte, als sie 1968 "Born to be Wild" veröffentlichten. In den späten 1970er Jahren beschrieb es die Eigenschaften, Themen und Bilder der Musik. Die Fans wurden als Headbanger bezeichnet, wobei "Headbanging" das "ständige Auf und Ab des Kopfes zum Takt" war (Bashe, 1985:5-6).

Deyhle (1998) argumentierte, dass Rap-Musik und -Tanz mit afroamerikanischen und puertoricanischen Jugendlichen in den USA begann, als eine Form des Wettbewerbs, um Bandenkriege zu ersetzen oder zu reduzieren (Deyhle, 1998:10). In ihren Studien über die Indianerjugend argumentierte sie, dass Rap "ein Kampf für Gerechtigkeit innerhalb der Gemeinschaft" sei (Deyhle,

1998:10). Smithermans (1997) Analyse von Rap-Texten ergab, dass sie in eine schwarze mündliche Tradition mit tonaler Semantik, Narrativisierung, Bedeutung (Bedeutung), Dutzenden (oder Spielen der Dutzende) und afrikanisierter Syntax durchdrungen waren. Smitherman (1997:4) zufolge sollte die Idee des Hip-Hops "den Frieden" des "Mittelklasse-Amerikas" stören, da es keinen "Frieden" für Amerikas "Unterschicht" gibt.

Sowohl Heavy Metal- als auch Rap-Fans sehen die Musik als Ziel, ihr Leben zu besinnen, und ihre Idole als Diek um ihre Probleme. Man könnte auch argumentieren, dass jedes Genre der Musik oder Unterhaltung, das Kontroversen anzieht: ob es Punk-Musik, Ska, Reggae, sogar Jazz und Country ist; es könnte Horror, Sci-Fi oder Thriller im Fernsehen und in den Filmen enthalten; oder eine wahnsinnige Vielfalt von Stilen in der bildenden Kunst. Das bringt mich auch zum Thema Goths.

Was ist also "Goth"-Musik und die "Goth"-Szene? Und wie hat es angefangen? Der Name "Goth" basierte eigentlich auf einem nordeuropäischen Stamm namens "Goths", der dann verwendet wurde, um einige Kunstformen zu nennen, die während des Dunklen Zeitalters entstanden. Es war viel später im 19. Jahrhundert, dass eine Form der Literatur namens Steam Punk entstand, und dann gab es eine moderne Form des "Post-Punk", die The Cure, Bauhaus und Sisters of Mercy umfasste; gefolgt von 'goth Metal' und Industriebands wie Rammstein, Marilyn Manson, Tool, Ministry, Godflesh und Nine Inch Nails (Ted Ed, 2018).

KAPITEL 1: THEORETISCHE PERSPEKTIVEN UND VERGANGENE EREIGNISSE

Dieser Abschnitt enthält frühere Studien, die Heavy Metal und Rap miteinander und mit anderen Genres (und ihren Fans) vergleichen. Ein Teil der Literatur analysiert das Thema aus der Perspektive popular versus High Culture, aber der größte Teil davon verwendet eine Moralische Panik oder Angst vor der Jugendperspektive als Grundlage für die Analyse.

Zwei Perspektiven wurden verwendet, um die Beziehungen zwischen Texten, Verhalten, Zensur und dem Umgang mit Fans zu untersuchen: The Moral Panic perspective (um die Reaktionen höherer Statusgruppen auf die angeblichen "Falsch-Doings" von unteren Statusgruppen zu beschreiben) und die Popular versus High Culture Perspektive (um zu untersuchen, warum zum Beispiel Highbrow-Genres wie klassische Musik der Prüfung von Heavy Metal und Rap entgehen).

Vorwürfe, Musik sei ein schlechter Einfluss, richteten sich gegen andere Genres. In den 1950er Jahren bedeutete das Aufkommen von Rock'n'Roll Vorwürfe, es sei "falsch" oder "unangemessen", so Baddely (2002), Hall (1997) und Sternheimer (2003). Baddely (2002) iterate die forgemen beschuldigten Bands und Kunstler: Screamin' Jay Hawkins ('I'll Put a Spell on you'), Screamin' Lord Sutch ('Big Black Coffin'), The Rolling Stones und The Doors. Die meisten Ansprüche richteten sich jedoch gegen Heavy Metal.

"Satanisch Panic" ist die offensichtlichste moralische Panik, wenn es darum geht, moderne Musik zu hinterfragen und wird vor allem auf Heavy Metal und Goth-Musik angewendet.

Aber damit ist es noch nicht zu Ende: Gewalt, Sexismus, Rassismus und Homophobie, Selbstmord und Selbstbeschädigung sind einige der Vorwürfe gegen die Heavy Metal- und Goth-Szenen.

ALTERNATIVE
FACTS

KAPITEL 2: KRIEG DER WORTE – MORALISCHE PANIK UND ZENSUR

Die folgenden beiden Unterbegriffe von Moral Panic werden in dieser Studie verwendet – Satanic Panic (Allegationen über satanische Texte in der Rockmusik, insbesondere Heavy Metal) und die Angst vor der Jugend (die angeblich schlechten Einflüsse in den meisten Formen der Populärkultur auf das Verhalten von Teenagern). Die Rockhistoriker Bashe, Konow, Christe und der Soziologe/Medienwissenschaftler Sternheimer führen Beispiele für Vorfälle an, bei denen Musik anstößige Inhalte hatte oder mit abweichendem Verhalten in Verbindung gebracht wurde.

HIGHWAY TO HELL: SATANIC PANIC PERSPECTIVE

Die häufigste Moral Panik im Zusammenhang mit Metall ist 'Satanic Panic'; wo christliche Fundamentalisten (vor allem in den USA) Behauptungen über die Beziehung zwischen Metal-Bands und Teufelsverehrung in der breiteren Gemeinschaft mit wenig bestätigenden Beweisen machten (West Memphis 3 Web Master, 2005b). Zu diesen Anklägern gehörten das Parents' Music Resource Centre (PMRC) und Moral Majority in den USA; und Young People against Heavy Metal T-Shirts (YPAHMTS) in Australien.

Beispiele für Satanische Panik über Bands waren Iron Maidens "The Number of the Beast" (und das gleichnamige Album) (Bashe, 1985); Motley Crues 'Shout at the Devil', AC/DCs Song 'Highway to Hell' (Konow, 2002); Slayer steht für 'Satan Laughs as You Eternally Rot' (Chirazi, 1991); Ozzy Osborne für das Beißen des Kopfes von einer Fledermaus (Konow, 2002); und Venom für die Verursachung von Schäden mit ihren Pyro-Effekten und die Forderung der Rechnung belief sich auf 666,66 US-Dollar (Konow, 2002). Anderle "böse" Bands waren: Black Sabbath, Kiss, Led Zeppelin, Angel Witch, King Diamond, Danzig und Deicide (Chirazi, 1991); Alice Cooper, Blue Oyster Cult, Cemetery, Lacuna Coil, Moonspell, The Gathering, Cradle of Filth, Celtic Frost, Rob Zombie und Type O Negative (Baddely, 2002); Marilyn Manson (Sternheimer, 2003); Axl Rose (Guns 'n' Roses) (Konow, 2002); Mayhem and Burzum aus Norwegen (Christe, 2004); und Finland's Impaled Nazarene (McIver, J, 2005).

Religiöse und konservative Gruppen wie PMRC,

Moral Majority (USA), YPAHMTS (Australien) gehören zu den bekanntesten "Zensoren" und "Metallo-Phobes". Der kalifornische Abgeordnete Philip Wyman und der Kongressabgeordnete Robert Darnan waren die ersten, die Aufkleber forderten, die vor unterschwelligen Botschaften warnten. Sie argumentierten auch, dass Led-Zeppelin's "Treppe zum Himmel" den Satanismus verherrlichte; mit den Worten "mein süßer Satan", wenn er rückwärts gespielt wird – dieser Prozess wird als Rückmaskierung bezeichnet, wo es in den Liedern rückwärts satanische Botschaften gibt (Bashe, 1985:144).

Der Kongressabgeordnete Jack McCoy aus Arkansas schlug 1983 vor, dass Alben mit "Rückenmaskierung" Warnaufkleber tragen und dass "zurück maskierte" Schallplatten ohne Aufkleber beschlagnahmt werden sollen. Der Gesetzentwurf wurde im Januar 1983 dem Ausschuss für öffentliche Gesundheit des Repräsentantenhauses vorgelegt; an das Repräsentantenhaus, das es 86 zu 0, und dann vor einem Senatsausschuss. Der Senatsausschuss verabschiedete ihn mit einem Änderungsantrag, der ihn zu einem Vergehen der Klasse A machte. Der Gesetzentwurf wurde zur Zustimmung an das Parlament zurückgeschickt und dann "vorgelegt". McCoy, ein zweifacher Vater, erklärte, er habe den Vorschlag gemacht, nachdem sich die Wähler beschwert hatten, dass sie das Recht hätten, von der Rückmaskierung auf gekauftem Audiomaterial zu erfahren. Seine "Wäscheliste" mit beleidigenden Songtiteln umfasste Led Zeppelins "Stairway to Heaven". Ähnliche Kontroversen gab es bei den Beatles-Alben "Rain" (1966) und "The White Album" (1968).

Satanische Panik und Metallo-Phobie waren auch in Ländern wie Kroatien (ehemalige jugoslawische Republik) weit verbreitet (Starbuck, 1995); Indonesien (Christe, 2004) und Marokko (Reuters zu My Yahoo, 2003).

Selbst in Australien, wo es weniger Fans oder bekannte Bands gibt, wurden die Menschen von religiösen Fundamentalisten belästigt. Roger Foote (von Sulkus) erklärte:

> "Als wir früher All-Age-Shows gemacht haben, kamen Christen aus dem örtlichen Jugendzentrum herunter und gaben ihre ganze Propaganda aus... es wurde alles ein bisschen fundamental' (Halle, 1997)

Ein weiteres australisches Beispiel waren Matthew Thompson und Young People against Heavy Metal T-Shirts (YPAHMTS), die offenbar hofften, dass sie "das moralische Kaliber der heutigen Jugend verbessern" könnten (Mason, 1992). Ein anderer Beschwerdeführer erklärte, dass die Kunst über Heavy Metal nicht beleidigender sei als die in Kunstgalerien (Collerson, 1992); während ein anderer sagte: "jede zynische Haltung gegenüber... "Thompson es Moral Guardian" kommt daher, dass diese Leute nicht immer ein leuchtendes Beispiel geben" (Keating, 1992).

Allerdings nahmen sich nur wenige Death- und Black-Metal-Bands so ernst und oft fanden keine satanischen Acts auf der Bühne statt. Doug Dalton (Fringe Art Music) erklärte: Nur ein kleiner Prozentsatz von Death and Black Metal ist satanisch, und dann ist die Hälfte davon die (Hall, 1997). Darüber hinaus argumentierte Bashe, dass das "il cornutu"-Zeichen, das von vielen Bands und Fans gemacht wurde (mit dem Zeigefinger und dem Pinkie gleichzeitig erhoben), ein italienisches Handsymbol sei, das verwendet werde, um den Teufel oder das "böse Auge" abzuwehren (Bashe, 1985). Es sieht so aus:

Bild 3: 2012 (c) Colleen Sedgwick

EINE LEKTION IN GEWALT: BLAMING METAL, HARD ROCK UND PUNK FÜR VIOLENT BEHAVIOUR

Michael Bradley (2003) erklärte, dass Forscher der Iowa State University und des Texas Department of Human Services herausgefunden haben, dass gewalttätige Songtexte zu negativen Gedanken und Emotionen und zunehmender Aggression führen. Fünfhundert Universitätsstudenten unterliefen fünf Experimenten, hörten "gewalttätige" und "gewaltfreie" Lieder und füllten Wortfragmente aus, um Worte zu machen und sich daran zu erinnern. Die Ergebnisse zeigten, dass Probanden, die aggressive Texte hörten, die Wortfragmente (wie h_t) ausfüllten, um aggressive Wörter zu bilden (wie "Hit"), sich an aggressivere Wörter erinnerten und sie schneller lasen. Im selben Artikel fügte Professor Montgomery von der Universität Canberra hinzu, dass "sozial entfremdete" Teenager "eher geneigt" seien, sich auszutoben, wenn sie von der Musik "aufgedrückt" würden, während der Psychologe Craig Forbes argumentierte, die Musik "entfremdete den Hörer" und "entwertete andere Menschen", was dazu führe, dass man aggressiv gegenüber sei und andere weniger schätze.

Eine Artikelrezension von Fox (2004) aus "Psychology Today" zeigte eine ähnliche Beziehung zwischen verschiedenen Subgenres von Rap und beunruhigenden Verhaltensweisen bei Teenagern.

Viele Bands wurden auch für das gewalttätige Verhalten der Fans verantwortlich gemacht, insbesondere gegenüber Frauen. AC/DC wurden beschuldigt, als Richard Ramirez (der Nachtstalker) viele Frauen vergewaltigte und ermordete (sein Lieblingslied war AC/DCs "Night Prowler"); und als Ricky Casso, Drogendealer auf Long Island (NY), einen Kunden in einem nahegelegenen Wald tötete. Das AC/DC-T-Shirt, das er trug, "passte" die Graffiti auf Spielplätzen und Gassen in seiner Stadt (Christe, 2004).

Slayer's Song '213' erregte nach dem Mord an Elyse Pahler in San Lius Obispo (Kalifornien" im Jahr 1995 mediale Aufmerksamkeit. Elyses Eltern beschlossen, eine Klage gegen Slayer und ihre Plattenfirma einzureichen; die Staatsanwaltschaft behauptete, die Band und die Plattenfirma hätten "unrechtmäßig schädliche und obszöne Produkte an Minderjährige vermarktet und vertrieben" (wie die Mörder des Mädchens angeblich der Band zugehört haben); und die Texte von '213' wurden in der Zeitung nachgedruckt (Sternheimer, 2003).

Der Zusammenhang zwischen Heavy Metal (und Rap), ihren "sexistischen" Texten und negativen Einstellungen und Verhaltensweisen gegenüber Frauen zeigt sich in einer Studie von St Lawrence and Joyner es (1991). Diese Forscher legten nahe, dass Männer, die schwere Musik hörten, eher Gewalt gegen Frauen akzeptierten, unabhängig von lyrischen Inhalten, als solche, die "leicht zuhörende" Musik hörten. Genauer gesagt stellten sie fest, dass Männer mit einer extrinsischen religiösen Ausrichtung auch eher "vergewaltigungsunterstützende" Überzeugungen akzeptierten; und die Exposition gegenüber Heavy Metal war mit Sex-Rollen-Stereotypisierung und negativen Einstellungen gegenüber Frauen verbunden.

Boeglin (2000) an der Layola University, New Orleans, vermutete auch, dass Vorlieben für Heavy Metal, Rap oder Country-Musik mit voreingenommenen Ansichten über die Rollen der Geschlechter in Verbindung gebracht wurden; Präferenzen für Pop, Top 40 oder andere Rockmusik wurden mit einer gleichberechtigten Sicht auf die Geschlechter in Verbindung gebracht. es gab starke Korrelationen zwischen Vorlieben für Heavy Metal oder Rap und Punkten auf dem Bem Sex-Role Inventory und der Sexual Attitudes Survey (aber schwache Korrelationen mit den anderen drei Genres), und Partituren über die Akzeptanz zwischenmenschlicher Gewalt und kontradiktorischen sexuellen Überzeugungen Subscale der Sexual Attitudes Scale in dieser Studie haben möglicherweise St Lawrence und Joyners (1991) Studie unterstützt , die eine starke Beziehung zwischen Heavy Metal-Hören und Gewalt zeigt.

Aber während viele der Korrelationen stark waren, waren sie unbedeutend und machten die Ergebnisse unschlüssig. Dafür gab es mehrere Gründe: Die Stichprobengröße war zu klein und repräsentierte nicht ausreichend Heavy Metal-, Rap- oder Country-Musikfans (nur 34 Teilnehmer, die College-Studenten waren) und Frauen übertrafen auch die Männer 26 bis 8 (und verletzten damit die "Homogenität der Varianz"-Annahme in statistischen Tests).

Der Sündenbock von Heavy Metal für gewalttätiges Verhalten hatte viele rechtliche Auswirkungen auf US-Fans. Ein Beispiel war die West Memphis 3: Drei Teenager aus West Memphis, Arkansas (Jessie Misskelley, Jason Baldwin und Damien Echols) wurden für den Mord an drei Jungen verantwortlich gemacht. Die drei Teenager wurden inhaftiert, auch wenn es nicht genügend Beweise gab, die darauf hindeuteten, dass sie es getan hatten (Christe, 2004). Echols wurde zum Tode verurteilt, während Misskelley und Baldwin zu lebenslanger Haft verurteilt wurden (West Memphis 3 Web Master, 2005a).

Viele Bands wurden auch für Schulschießereien verantwortlich gemacht: Der Song "Jeremy" der Grunge-Band Pearl Jam (veröffentlicht 1991) wurde für einen Schul-Shooting im Februar 1996 verantwortlich gemacht; als ein 14-jähriger Junge drei Schüler und einen Lehrer in Moses Lake, Washington (USA) erschoss. In Deutschland erschoss ein weiterer Jugendlicher 13 Lehrer, Kinder und einen Polizisten an seiner Schule. Die Behörden machten Slipknots Nummer "School Wars" für sein Verhalten verantwortlich (das Lied enthielt angeblich die Worte "Schieß deinen frechen Lehrer mit einer Pumpgun") (Rick es Rants, 2005). Das bekannteste Beispiel dafür, dass Heavy Music für eine Schießerei in der Schule verantwortlich gemacht wurde, war das Massaker von Columbine; wo Marilyn Manson die Schuld gegeben wurde, auch wenn es keine Beweise dafür gab, dass die Mörder Fans waren (Rick es Rants, 2005).

Viele Studien (ab den 1980er Jahren) haben Metal auch mit anderen negativen Einstellungen und Verhaltensweisen in Verbindung gebracht. Virgin Cars erklärte, dass Heavy Metal beim Fahren gefährlich zu hören ist. Sie erklärten: "Metall kann töten... wenn Sie ein Fahrer sind'; dass Musik mit hoher Lautstärke und einem schnellen Tempo die Konzentration verändert und die Reaktionszeiten um bis zu 20% verlangsamt; und dass Fahrer, die Metal hörten, eher durch rote Ampeln fuhren und seltener die Sirenen von Einsatzfahrzeugen hörten (Udo, 2005).

Es ändert auch nichts an der Tatsache, dass viele Metal-Fans und Goths im wirklichen Leben auf dem Höhepunkt der Gewalt waren.

Ein Paradebeispiel ist die Situation von Sophie Lancaster und ihrem Freund Robert Maltby, die von einer Bande von Teenagern in einem Park (in Bacup, Lancashire Stadt in Großbritannien) aufgezwungen wurden. Dieser Vorfall ereignete sich am 11. August 2007, als Robert angegriffen wurde (ohne ersichtlichen Grund, außer der Tatsache, dass sie "Mosher" waren), Sophie kam ihm zu Hilfe und sie wurde dann angegriffen. Das Paar lagen beide im Koma, und während Robert aus dem Koma kam, tat Sophie es nicht. Sie starb am 24. August desselben Jahres (Travers, 2017).

WER IST ZU BLAME? (FÜR JUGEND-SUIZID, D.H.)

Ein weiterer Vorwurf gegen Heavy Metal lautet, dass es zu Jugendselbstmord führt. Hier einige Beispiele: Ein 14-jähriger kanadischer Junge wurde tot in seinem Zimmer gefunden, nachdem er sich erhängt hatte, mit einem Bild von Alice

Cooper, das vom Bühnengalgen an seiner Wand hing; und Metallicas "Fade to Black" (aus dem 'Ride the Lightning'-Album) wurde für seine Pro-Selbstmord von (Konow, 2003) verantwortlich gemacht. Ein junger kalifornischer Junge wurde tot in seinem Zimmer gefunden, als Ozzy Osbornes "Speak of the Devil" auf seinem Plattenteller stand (ohne "Suicide Solution"). Der Staatsanwalt, Kenneth McKenna ("Körperverletzung" Anwalt, der auch die Klage gegen Judas Priest brachte), argumentierte, dass das Lied versteckte Nachrichten enthielt – "Beweise", die sie sagen, war aus Computeranalyse. Die Verteidigung argumentierte, dass es in dem Lied um Alkoholismus ging, der zu einem langsamen Tod führte (Christe, 2004).

Judas Priest wurden auch unterschwellige Botschaften in ihrem Album "Stained Class" vorgeworfen; als Raymond Belknap (18 Jahre alt) und James Vance (20) das Album am 23. Dezember 1985 sechs Stunden lang hörten; trank große Mengen Alkohol und rauchte Marihuana, bevor er sich selbst erschoss. Belknap starb sofort, und Vance lebte mit Verletzungen für 3 Jahre, bis er starb. Mehr als 40 Zeugen, darunter Bandmitglieder, wurden geladen. Die Familien forderten 6,2 Millionen US-Dollar Schadenersatz. Die angeblichen Worte "do it" wurden als "zufällige Kombination von Klängen" befunden. Die Verteidigung behauptete, die beiden Jungen hätten Probleme mit

Drogenmissbrauch und familiärer Gewalt, so dass die Band freigesprochen wurde (Christe, 2004).

Das Argument, das die Beziehung zwischen Heavy Metal und Suizidalität unterstützt, beschränkt sich nicht streng auf Religion oder Politik: Wissenschaft ist eine andere Möglichkeit, eine solche Beziehung zu veranschaulichen.

Ein Beispiel ist die Beziehung zwischen Heavy Metal und Suicide. Studien von Stack (1998), Stack et al (1994) und La Course et al (2001) und ein Artikel von Persaud (2004) verknüpften Heavy Metal mit Faktoren wie Depression, Entfremdung, Drogenkonsum und Selbstmordakzeptanz.

In Stack, Gundlach and Reeves' (1994) Artikel ‚The Heavy Metal Subculture and Suicide' korrelierten Daten über Heavy Metal-Magazinabonnements mit denen über Selbstmord von Jugendlichen in 50 US-Bundesstaaten und dass Musik 51% der Varianz bei Selbstmord enden. In einem früheren Artikel fand Steven Stack (1998) einen weiteren Zusammenhang zwischen Heavy Metal und Selbstmord und argumentierte, dass Heavy Metal zu Selbstmordakzeptanz durch die Exposition gegenüber einer "Kultur" führte, die durch persönliches und gesellschaftliches Chaos gekennzeichnet ist, wobei Faktoren wie Geschlecht, sozioökonomischer Status und Bildung verwendet wurden. Insbesondere stellte er fest, dass niedrigere Religiositätsniveaus in Kombination mit einem Fanschiff zu Selbstmordakzeptanz führen; so wird es einfacher, das Verhalten einiger weniger zu betrachten, anstatt was sie zunächst selbstmörderisch gemacht hat.

LaCourse, Claes und Villeneuvre (2001) untersuchten die unterschiedlichen Eigenschaften von Heavy Metal-Fans im Teenageralter, die mit suizidgefährdetem Risiko verbunden sind: Götzenverehrung (von Musikern); auf stellvertretende Freilassung oder Katharsis zu hören (aggression zu bringen, wenn man sich wütend fühlt); schlechte familiäre Beziehungen, Depressionen, Drogenmissbrauch und die Darstellung von Selbstmord durch die Medien. Sie fanden unbedeutende Beziehungen zwischen einer Vorliebe für Heavy Metal und einem Suizidrisiko für Jungen und Mädchen (und der Verwendung von Musik für die stellvertretende Freisetzung und das Suizidrisiko, um für Mädchen umgekehrt verwandt zu sein); und dass die Musik nur mit früheren Suizid-Ideen (Gedanken) in Verbindung gebracht wurde. LaCourse und Kollegen glaubten, dass eine Längsschnittstudie die langfristigen Auswirkungen des Musikhörens als Bewältigungsmechanismus bestimmen würde und wie es helfen könnte, die von Depressionen oder Suizidgedanken Betroffenen zu behandeln.

WEISSES RAUSCHEN: METAL,

PUNK UND RASSISMUS

Die Verschmelzung von Punk und Metal hat dazu geführt, dass beide Stile "in eine Ecke gemalt" wurden - wobei Metal Sexismus und Punk des Rassismus beschuldigt wurde. Jones zufolge sind Punks über Den "Sexismus und Gewaltfantasien" des Metal's empört (Jones, 1986).

PUNKS UND SKINHEADS

Dieses Klischee gibt es schon lange: wahrscheinlich seit den 1960er und 70er Jahren, seit der Existenz des Punkrock (Hunter-Tilney, 2018)

Während Punks Headbanger sexistisch kritisierten, wurden Headbanger umgekehrt "vom Punk-Image von Rassismus und Gewalt angewidert" und "ernst genommen" (ebd. Jones, 1986). Sowohl Sid Vicious als auch Souxie Sioux trugen Hakenkreuze auf dem Höhepunkt der Punk-Ära; und Souxie schrieb Lieder mit zweideutigen Einstellungen gegenüber Juden (in einem Lied, "Love in a Void", schreibt sie, "zu viele Juden für meinen Geschmack"; während ein anderes Lied, "Israel", mehr Sympathie für sie ausdrückt) (Baddely, 2002).

HEAVY METAL IST RASSISTISCH UND ANDERE ANSCHULDIGUNGEN

Es mangelte jedoch nicht an Kopfknallern, die ihm vorgeworfen wurden, auch nicht an Kiss. Es wurde behauptet, dass die Band wirklich Nazis war, weil zwei S es im Kiss-Logo wie das Emblem für den 'SS' Nazi Secret Service (Meldrum, 1980) aussahen.

Der Track "One in a Million" (aus dem "Lies"-Album) galt als rassistisch: Es sollte um seine negativen Erfahrungen mit Schwarzen Amerikanern bei der Ankunft in LA sein. Er soll in diesem Lied über die Polizei, Einwanderer und gesungen haben. Zu seiner Verteidigung sagte er, er hasste Menschen, die Grenzen setzten, welche Worte er verwenden konnte oder nicht; dass er die Worte benutzte, um Menschen zu beschreiben, die in seinem Leben "Schmerzen" waren; dass er keine Schwulen mochte, aber nichts gegen alle Einwanderer ausmachte (nur diejenigen, die ihn beleidigten). Er sagte auch, dass niemand das Recht hatte, das Lied zu kritisieren, es sei denn, sie erlebten, was er in LA tat (Konow, 2002).

Motley Crue's Nikki Sixx soll einen Wachmann "rassistisch verschmäht" haben, der angeblich einen weiblichen Fan "aufgeschreckt" habe; seine Worte waren: "Ich bin nicht rassistisch, aber nur ein Nigger würde ein Mädchen treffen" (ebd.: S. 346-7).

Billy Milano und seine Band S.O.D waren mit ihren Songtexten sehr umstritten – die Songs "Speak English or Die" und "F**k The Middle East" galten als rassistisch; aber Scott Ian (ebenfalls von Anthrax) erklärte, es gehe um "politische Korrektheit" (ebd.: S. 238-9).

Doch trotz der Rassismusvorwürfe gegen Metall war es bei Einwanderern in die USA immer noch immens beliebt, von denen viele die Kluft zwischen ihren eigenen Kulturen zu Hause und der angenommenen Kultur in den Vereinigten Staaten überbrückten. Christe zitierte Beispiele von Künstlern, die aus dem Ausland kamen: Die Van Halen-Brüder (Holland), Metallicas Lars Ulrich (Dänemark), Quiet Riots Rudy Sarzo (Kuba), Motley Crues Tommy Lee (Griechenland) und Slayers Tom Araya und Dave Lombardo (Südamerika) (ebd.: S. 81). Außerdem gab es Tom Morello und Zach de la Roche (Rage Against the Machine – Teil Kenianer und teils Mexikaner), Juan Croucier (Kubanisch) und, wie bereits erwähnt, Living Colour und Fishbone (auch Bands mit afroamerikanischen Mitgliedern (Ruiz, 2016).

Das überwiegend weiße Publikum in Metal bedeutete, dass schwarze Darsteller ein "Rippen" abtasteten. Phil Lynott (Thin Lizzys Sänger) wurde gesagt, er sei ziemlich gut für einen und viele Leute dachten, Thin Lizzy sei eine Soulband. Ebenso erlebte Living Colour Rassismus, als sie in den 1990er Jahren mit Anthrax tourten, ebenso wie Norwood Fisher von Fishbone.

Fisher hatte diesen Kommentar zu machen:

> "Viele meiner schwarzen Freunde in der High School waren in Van Halen und The Scorpions, aber die Art und Weise, wie die Branche gegründet wurde, hielt sie davon ab, Teil von Rock'n'Roll zu sein, also hörten sie es immer weniger" (Konow, 2002: S. 81).

Zu dem Konow hinzugefügt hat:

> "Viele Minderheiten genossen Metal und Hard Rock, aber sie fühlten sich nicht zur Party eingeladen (ebd.)".

Einige würden sagen "Ja – es ist rassistisch": Dave Snell und Darrin Hodgetts, von der Psychologie-Abteilung der University of Waikato (in Neuseeland) sagen, dass:

> Aufgrund ihrer marginalen Positionierung in der Gesellschaft sind Heavy Metal-Gemeinschaften besonders anfällig für Infiltration durch weiße supremacist Gruppen und daher eine Überlegung wert....

Leider gibt es für einige Migranten (wie viele spanischsprachige Gruppen in den USA) Vorwürfe von Mitgliedern ihrer eigenen Gemeinschaften, "weiß zu sein", wie die beiden Herausgeber des Fanzines "Endemoniada" – Lucifera und Xostur – erfahren.

Doch trotz dieser Rassismusvorwürfe hatte Metal weltweiten Erfolg, wie im Fall von Iron Maidens "Behind the Iron Curtain"-Tour in Polen (Christe, 2002); Sowohl weiße als auch nicht-weiße Menschen kommen zu Gigs in Südafrika (obwohl sie für sich bleiben), und Bands sind im Nahen Osten und Israel entstanden (ebd.). Der Erfolg der brasilianischen Sepultura hat dazu geführt, dass sich viele Latinos weltweit mit Metall (ebd.) identifizieren konnten.

PHIL ANSELMO UND 'WHITE POWER'

Dies basiert auf mehreren Anschuldigungen

über Phil Anselmo, der 1995 eine Rede über "weißen Stolz" hielt und viele der Rap-Bands für "umgekehrten Rassismus" aufrief (Metal Leux 21, 2008). Ein weiteres Video zeigt Phil bei einem Nazi-Gruß (R. CC., 2016).

Dies hatte viele gemischte Reaktionen hervorgerufen, unter anderem von Rob Flynn von Machine Head (2016) – er geht auf die Unterdrückung von Schwarzen durch Weiße ein und behauptet, dass kein Weißer in Amerika von einer schwarzen Person unterdrückt worden sei. Er war nicht glücklich mit Phils "Nazi-Gruß".

Phil hatte in einem Freundlichen Interview mit Eddie Trunk in Bezug auf Rob Flynns "Tugendsignalisierung" (Keymo Embryo, 2016) geantwortet und gesagt, dass er Freunde "aller Farben" habe und sagte, er sei in einem Ein-Eltern-Haushalt in einer sehr vielfältigen Gemeinde in New Orleans aufgewachsen. Er stellte auch Robs Kommentar in Frage, indem er sagte: "Was hast du getan, um die Dinge zu verbessern?" Dieser Teil des Interviews (über den Dime Bash Vorfall) beginnt bei 19 Minuten und 51 Sekunden. Später entschuldigte er sich für das, was er tat (Anselmo, 2016).

DIE WAHRHEIT FREISCHALTEN: SCHWARZE MENSCHEN UND HEAVY METAL

Dies war eine Gruppe von 11-jährigen afroamerikanischen Jungen, die einige brutale Heavy Metal
spielten (Fuel 10988; 2013). Dies hatten einige
Kommentare von anderen im Internet angezogen.

Laina Dawes von The Root hatte das zu sagen
(2013):

> Alles begann mit einem Video von drei jungen
> schwarzen Jungs, die auf dem New Yorker Times
> Square mit einem Kopfknall auf einem Musi-
> kalischen Genre spielten, das für eine Reihe von
> Menschen eine Seltenheit für Farbige ist.

Sie erklärte auch, dass die Band, Unlocking the
Truth, (interessanterweise) mehr "Ire" aus der
Black Community angezogen hatte, genau wie
Jimi Hendrix, als mit Weißen, die Hard Rock und
Metalmögen. Einnd erklärte sie weiter, dass Skin
(von der englischen Band Skunk Anansie) überras-
cht war, ihr Album in der R&B-Sektion eines Plat-
tenladens, statt in der Heavy Metal-Sektion zu
finden.

Laut Anlockung die Truth: "Hip-Hop, R&B und
Soul werden immer noch von ihren Kollegen als
Barometer verwendet, um die kulturelle Authen-
tizität zu messen". Anderen farbigen Menschen
(insbesondere Afroamerikanern) wird vorgeworfen, "versucht zu sein, weiß zu sein", wenn sie
zufällig Metall mögen.

Und sie sagte, dass ihre "weißen Kollegen" auch
gemobbt wurden, weil sie die "falsche Art von

Musik" mochten (es war also nicht nur ein rassisches Thema) – oft war es ein "Ritus der Passage" für Musikfans und nicht nur für Farbige.

HOMOPHOBIE

Trotz des Rufs des Genres, homophob zu sein, war eine solche Person, "ihre Sexualität auszudrücken, ohne es tatsächlich zu sagen", Rob Halford. 1978 übernahm er S&M-Ausrüstung und Leder und Nieten und geriet mit den Osmonds in Schwierigkeiten, als er während "Top of the Pops" (in Großbritannien) seine Peitsche auf die Bühne schlug. Wie die Black-Darsteller in der Metal-Szene behauptete Halford jedoch, er fühle sich vom Rest der Band (und anderen Interpreten) isoliert, weil er nicht das tat, was andere (gerade) Interpreten taten (wie Knallgroupies oder in Stripclubs). Erst nach seinem Ausscheiden aus der Band kam er "heraus". Konow, 2002.

KAPITEL 3: "ELTERNBERATUNG" - ARGUMENT DER "ANGST VOR DER JUGEND"

Bild 4: Bild c/o Recording Association of America

Zwischen moralischer Panik und kulturellen Kapitalperspektiven zu sitzen, ist das Argument der "Angst vor der Jugend"; Auch wenn nicht alle Musik satanisch ist, ist die Angst vor den angeblichen Einflüssen der Musik mit denen anderer Unterhaltungsmöglichkeiten wie Cartoons, Filmen oder Videospielen, jungen Menschen im Allgemeinen, Sex, Werbung und den Medien verbunden (Sternheimer, 2003). Sternheimer argumentierte, dass die "Angst vor der Jugend" mit dem "Jugend-Bashing" zusammenfiel oder den Geschmack jüngerer, weniger mächtiger Menschen für soziale Probleme verantwortlich machte, um die Aufmerksamkeit von mächtigeren Gruppen für die Probleme abzulenken. Verhaltensforscher verbanden die Adoleszenz mit dem Auftreten von psychiatrischen und Verhaltensproblemen, so dass die Jugendkultur wissenschaftlichen Blicken unterworfen wird. Dass Teenagerund Eltern nicht das Gleiche mochten, gibt es seit den 1950er Jahren. Zuvor war die Musik meist nach Rassen- und Klassenlinien geteilt. Auf die High School zu gehen bedeutete, weg von Erwachsenen und mit anderen Kindern mehr zu sein und Dinge zu genießen, die Eltern nicht mochten. Eltern fürchten, dass Kinder "früh aufwachsen" und fühlen sich bedroht (Sternheimer, 2003:6-7). Hier sind einige Beispiele.

Twisted Sisters "We're Not Going to Take It" galt als antiautoritär; Aber Dee Snider argumentierte, dass es in dem Lied um persönliche Freiheit und eine Aussage gegen Kindesmissbrauch gehe (Konow, 2004).

Das PMRC (Parents' Music Resource Centre) machte Vergewaltigung, Selbstmord und Alkoholismus für Rocktexte verantwortlich. Sie wurden 1985 von Susan Baker (der Frau von Finanzminister James Baker) und Tipper Gore (Frau von Senator Al Gore) während der Reagan-Ära (in den USA) gegründet. Sie beschwerten sich bei der Recording Industry Association of America (RIAA) und forderten ein Bewertungssystem für Alben. Alben mit sexuellen, drogen-, gewalttätigen oder okkulten Referenzen hätten Aufkleber, die dies sagen, und solche mit anstößigen Illustrationen würden in braunes Papier gewickelt. Die meisten Heavy-Metal-Bands wurden ins Visier genommen, ebenso wie Prince, Sheena Easton, Cyndi Lauper, The Captain und Tennille und sogar John Denver. Im September 1985 führte der Handelsausschuss des Senats eine Untersuchung darüber durch, warum Aufzeichnungen wie die Filme eingeschränkt und bewertet werden sollten. Twisted Sister es Dee Snyder sah es als eine gute Gelegenheit, die Flagge für Metall zu tragen (Konow, 2004). Bei dieser Anhörung waren auch Dr. Stuessy (ein Musiklehrer und ehemaliger Rockmusiker) und Dr. King (ein Kinder- und Jugendpsychiater) zu hören.

Stuessy behauptete, Heavy Metal sei "qualitativ anders" als andere Rockmusik, da sie Themen und Botschaften von Gewalt, Rebellion, Sex, Drogen und Satanismus enthalte. Diese wurden offenbar durch primäre und sekundäre Wiederholung verstärkt – erstere war, als die Hakenlinie des Chores mehrmals wiederholt wurde; und letzteres war, wenn das Lied wiederholt gespielt wird, so dass der Hörer die Worte verstehen konnte. Worte wurden auch durch Rückenmaskierung und andere unterschwellige Botschaften verstärkt. Heavy Metal beinhaltet auch "multisensorische" Eingabe, wo nicht nur Wörter mehrmals wiederholt wurden, sondern die Kleidung, Haare und Bühne handeln alle zur visuellen Wirkung hinzugefügt; die Lautstärke und Die Kraft der Musik verstärkten die akustische Wirkung; und die Gerüche von Alkohol, Zigaretten und Marihuana fügten zu dem hinzu, was er für "Geisteskontrolle" hielt. Und da Eltern jugendliche Hörer bitten, die Musik herunterzudrehen (oder auszuschalten), hören sie sie über Kopfhörer, ohne Unterbrechungen oder Ablenkungen – ein Prozess, den er als "ausschlusshaften Input" bezeichnet (The US-Government Printen Office, 1985).

Dr. King, der Psychiater, stellte daraufhin seine Klage gegen Heavy Metal vor und argumentierte, seine Mandanten seien "delinquent, sexuell promiskuous, gewalttätig, selbstmörderisch und sogar mörderisch". und die meisten von ihnen "verehrten" Heavy Metal. Er fügte hinzu, dass Künstler in den Status einer "Vergänglichkeit" erhoben wurden und dass das Bild und die Musik die Themen "Hass" und "Rebellion" verstärkten, bei denen der Teenager (mit einem schutzbedürftigen Kind verglichen) ein Glaubenssystem durch "langfristiges Zuhören" entwickelt (US Government Printing Office: S. 124). Diese Schriften waren für mich so lächerlich und unwissenschaftlich; Ich beschloss, sie in diesen Abschnitt aufzunehmen und nicht den Abschnitt "Akademische Literatur" dieser Dissertation.

Die Recording Industry Assoziation ob America (RIAA) erklärte sich bereit, Aufkleber auf "offensiven" Alben zu platzieren, aber nach Ermessen einzelner Plattenfirmen – frank Zappa (ein Gegner dieses Systems) glaubte jedoch, dass sie vor dem kapitulierten, was er als einen Haufen "kultureller Terroristen" ansah. Das Gesetz fand 1990 statt, als Filialisten wie Wal-Mart alle Alben boykottierten, die "geaufklebert" wurden.

Weitere Rechtsvorschriften waren die Zustimmung der RIAA zu den Aufklebern kurz vor der Einführung von Steuern auf leere Aufzeichnungsmedien, die mögliche Einführung in die Überwachung von Kabelfernsehen (zur Überprüfung von Musikvideos), eine Pay-per-Minute-Telefonhotline zur Beratung zum Satanismus und ein Voice-Mail-Menü mit "lyrischen Übertretungen" durch bestimmte Darsteller (Konow, 2002; Christe, 2004).

Jell-O Biafra von Dead Kennedys war ein Künstler in heißem Wasser über seiner EP "Frankenchrist" (und viele Plattenhändler hatten Schwierigkeiten, sie zu verteilen), aufgrund des Posters ("Penis Landscape") und des Fotos einer brüderlichen Männergruppe namens "The Shriners" (die eine Verleumdungsklage gegen die Band einreichte) (Moorer, 1987). Die moralische Mehrheit kam danach; eine Gruppe unter der Leitung von Jerry Falwell, einem Televangelisten, der sich gegen Abtreibung, Zwangsbusfahren und Unterricht in Schulen ausspricht (Christe, 2004).

Eine Mutter, Susan Balfour, war so beleidigt von Slipknots Texten, dass sie das Aggressive Music Festival (das am 17. und 18. Juli 2003 in Der Gegend von Glenn Falls stattfinden sollte) absagen wollte. Sie plante, durch die Gegend von Glenn Falls zu gehen, Texte der Bands zu zeigen, die geplant waren, um zu spielen, und die Leute zu bitten, eine Petition für die Absage des Konzerts zu unterzeichnen. Ihr Argument war, dass die Texte eine sehr "mächtige" Wirkung auf kleine Kinder hatten; Mit den Texten von Slipknots 'Disaster Piece' um ihren Standpunkt zu veranschaulichen. Sie sammelte über 300 Unterschriften und überreichte sie den Stadtverordneten; doch das Konzert ging aufgrund der überwältigenden Unterstützung für die Bands weiter (Hamilton, 2004).

In Australien beschwerte sich eine anonyme

Schriftstellerin (die sich als wiedergeborene Christin ausgab) beim "Outsider" Magazin (einem Newsletter für Roadrunner Records), dass die Menschen in den Zeitschriften Homosexuelle, Drogenkonsumenten, Satanisten und Unnikatoren seien und ihnen gesagt hätten, sie sollten ihrem Sohn keine Kopien des Fanzine schicken (Editor, Outsider Magazine, 1999).

Kurz gesagt, die Perspektive "Angst vor der Jugend" kann dazu beitragen, zu erklären, warum sowohl Heavy Metal als auch Rap mehr unter Beschuss geraten als andere Genres, vor allem solche, die von Erwachsenen genossen werden.

Das nächste Kapitel, "Gangster es Paradise", behandelt die Angst vor Jugendargument und die Einstellung zur Rap-Musik über ihre späteren Auswirkungen auf die öffentliche Ordnung.

Bild 5: F*** Elternbeirat (c/o Facebook.com)

FUCK
PARENTAL
ADVISORY

KAPITEL 4:
GANGSTER'S PARADIES
– DIE KONTROVERSE
UM RAP

Als die meisten Heavy-Metal-Bands von der PMRC und ähnlichen Gruppen in den Underground (aus der kommerziellen Mainstream-Musikszene) getrieben wurden, nahm Rap-Musik den meisten "Rap". Das Vorhandensein von "gewalttätigen" und "sexuellen" Bezügen in Rap führte zu vielen Zensurfragen, und Kampagnen gegen Rap waren wie die gegen Heavy Metal.

Diese "moralische Panik" kam von den älteren Mitgliedern der afroamerikanischen Gemeinschaft. Hier sind zwei Beispiele. Die erste war mit Reverend Calvin Butts, der am 5. Juni 1993 in Harlem, New York City, ein "Rap-in" veranstaltete. Er forderte die Teilnehmer auf, anstößige Bänder und CDs mitzubringen, die von einer Dampfwalze überfahren werden sollen. Das "Rap-in" wurde von Mitgliedern und Anhängern der Hip-Hop-Nation vereitelt, die die Dampfwalze blockierten.

Das zweite Beispiel war mit Dr. C. Delores Tucker im Jahr 1994: Als Vorsitzende des Nationalen Politischen Kongresses für Schwarze Frauen schloss sie sich mit William Bennett, dem ehemaligen Bildungsminister, zusammen, um eine Kampagne gegen Rap zu starten. 1995 gelang es ihnen, Time Warner zu zwingen, ihre Anteile an Interscope Records (einer Plattenfirma, die mit vielen Gangsta Rappers verbunden ist) (Smitherman, 1997) zu verkaufen. Ihr Missstand war, dass die Musikindustrie Kinderplatten verkaufte, die Mord und Drogenkonsum verherrlichen und die Prügel und Vergewaltigung von Frauen feiern, und sie stellte ihren Einfluss auf Kinder in Frage, als sie miterlebte, wie kleine Jungen kleine Mädchen nannten (Holland, 1996: Paragraph 31).

Ihre Kampagne beinhaltete, dass Mitglieder der Öffentlichkeit an folgende Unternehmen schreiben: Time Warner, BMG, Polygram, Thorn-Emi und Sony, die ihnen sagten, sie sollen Gangsta Rap oder Death Metal nicht sponsern. Anfangs stand auch das Interscope Label unter Beschuss, aber als MGA 80 % des Unternehmens kaufte, stimmten sie mit den anderen 20 % zu, dass sie nicht von Gangsta Rap oder Death Metal profitieren würden. Dennoch erlaubte die Vereinbarung, die Musik über unabhängige Dritte herzustellen, zu vermarkten und zu verbreiten. Diese Kampagne wurde auf lokalen Radiosendern ausgestrahlt und konzentrierte sich auf die "konservative Seite" des Hörerschiffs (Holland, 1996: Ziffern 11-5).

Hilary Rosen von der Recording Industry Association of America und Pam Horowitz von der National Association of Music Retailers reagierten auf diese Behauptungen: Rosen erklärte, dass die Plattenindustrie in Themen wie Wählerregistrierung, Anti-Gewalt-Kampagnen, AIDS-Bildung und Alphabetisierungsraten involviert sei. Sie fügte hinzu, dass die Mitgliedsunternehmen auch "ihr Elternbeiratsprogramm sehr ernst genommen" hätten und dass die "selbsternannten moralischen Wächter" nach "Lösungen" und nicht nach "Sündenböcken" für Teenager-Probleme suchen sollten (Holland, 1996: Ziffern 16-18). Horowitz antwortete, dass diese Senatoren die Rechte erwachsener Verbraucher ignorierten, die "rechtlich berechtigt waren, Musik mit Inhalten für Erwachsene zu hören" (Ziffer 19).

Einige Rap-Künstler erkannten auch das Problem: De La Rocha (von Rage Against the Machine) glaubte, sexismus und Frauenfeindlichkeit seien in der Rap-Musik grassierend, "Straight up – es muss eine kreativere Möglichkeit geben, Spannungen auszudrücken, die zwischen Männern und Frauen entstehen, als eine Frau zu entmenschlichen und sie als Hündin zu bezeichnen"; Während Morello (Gitarrist) sagte: "Es gibt nur wenige Gruppen mit Heiligen gefüllt. Wu Tang macht eine Menge toller Musik, aber der frauenfeindliche Inhalt ist etwas, in dem wir nicht sind' (Hendrickson, 1997).

Studien über Rap allein verbinden es auch mit Sexismus. Dixon und Linz(1997) legten nahe, dass sowohl Männer als auch Frauen durch 2 Live Crew-Texte aus den Alben "As Nasty as They Want to Be" (die vom Bundesgericht in den USA als "rechtlich obszön" eingestufte Version) und "As Clean as They Want to Be" (die "sauberere" Version) beleidigt wurden.

Viele Rapper fanden, dass sie geächtet wurden, um "Nigger-Musik" zu mögen. Wut gegen den Machine-Sänger De La Rocha ging an eine überwiegend weiße Mittelschicht; Vorstadt-Highschool in Kalifornien, wo damals (in den 1980er Jahren) nicht viele Menschen Hip-Hop akzeptierten. Er sagte, dass viele seiner "weißen" Freunde aufgehört hätten, mit ihm zu sprechen, weil Rap "die Art von Zeug war, die sie (die Schwarzen) taten" (Hendrickson, 1997). Daher ist die Abneigung gegen Rap mit Rassismus verbunden. Roger Ebert schrieb in Wikipedia:

> Rap hat einen schlechten Ruf in weißen Kreisen, wo viele Menschen glauben, dass es aus obszönen und gewalttätigen anti-weißen und anti-weiblichen guttural besteht. Einiges davon tut es. Die meisten nicht. Den meisten weißen Zuhörern ist das egal; sie hören schwarze Stimmen in einer Litanei der Unzufriedenheit und stimmen sich ab. Doch Rap

spielt heute die gleiche Rolle wie Bob Dylan 1960 und gibt den Hoffnungen und Wut einer Generation eine Stimme, und viel Rap ist kraftvolles Schreiben (Wikipedia, 2006).

Michael und Miranda Claes von der Universität Montreal untersuchten 350 zweisprachige Teenager und fanden heraus, dass diejenigen, die die französische Sprache Rap hörten, eher Drogen konsumierten, mehr Straßenverbrechen begingen und in Straßenbanden waren als diejenigen, die den englischen Rap hörten. Die Studie wurde auf die Exposition gegenüber gewalttätigen Medien und Peer-Group-Einfluss kontrolliert und alle Probanden waren zweisprachig. Sie erklärten auch, dass Teenager, die American Rap hörten, weniger wahrscheinlich Diebstahl begingen als diejenigen, die "Gangster" Rap hörten; aber "Gangster"-Rap-Enthusiasten gehörten seltener einer Bande an. Die Forscher glaubten, dass die Ergebnisse auf die englische Sprache Hip-Hop oder Soul zurückzuführen waren, die einen hedonistischeren Stil darstellten, der Luxus und sexuelle Kunststücke feierte.

Pamela Hall (1998) untersuchte die Auswirkungen lyrischer Inhalte verschiedener Arten von Rap-Musik; unterstellt, dass einige Arten von Rap eher das Verhalten von Kindern beeinflussen würden als andere Arten. Die vier untersuchten Untergenres waren Gangsta Rap, Hip Hop, Political Rap und Popular (oder commercial) Rap. Zwei

Altersgruppen wurden verglichen – fünfzehn 7-9-Jährige und fünfzehn 10-12-Jährige wurden auf Anerkennung und Erinnerung getestet, nachdem sie Songs aus jedem der vier Untergenres gehört hatten, indem sie gebeten wurden, dem Experimentator zu sagen, worum es bei den Songs ging. Die Experimentatoren fanden heraus, dass die ältere Gruppe von 10-12 Jahren mehr Lieder zurückrief als die jüngere Gruppe. Chi-Quadrat-Analyse ergab, dass jüngere Kinder waren genauso wahrscheinlich, kommerzielle Rap zu verstehen wie ältere Kinder (vor allem, weil es eher auf kommerziellen Radio als die anderen Sub-Genres gespielt werden); Umgekehrt verstanden ältere Kinder eher die anderen Untergenres als jüngere Kinder. Wenn überhaupt, hätte Gangsta Rap (wie Death oder Black Metal) wahrscheinlich weniger Auswirkungen auf das Verhalten von Kindern, wenn es weniger wahrscheinlich ist, von jüngeren Kindern verstanden zu werden. Und beide Genres wurden von kleinen Kindern in Bezug auf Unabhängigkeit und Rebellion verstanden, anstatt die eigentliche Botschaft (Halle, 1998:2)

Eine andere Schriftstellerin, Geneva Smitherman (1997), beleuchtete die Texte in Rap und Hip Hop: Obwohl sie mit dem Ausmaß von Gewalt, Sexismus und Frauenfeindlichkeit in den Texten nicht einverstanden war, argumentierte sie, dass die Kommunikationspraktiken "einen Text des Widerstands gegen white Americas Rassismus

und seine eurozentrische kulturelle Dominanz"
boten und politische und moralische Botschaften
in den Texten lieferten (S. 4). Oft werden In der
afroamerikanischen Gemeinschaft negativ wahr-
genommene Wörter in europäischen Kulturen unterschiedlich betrachtet. Zum Beispiel bedeutet
"down" in AAL (African American Language) für
etwas zu sein; "phat" bedeutet "cool" zu sein, nicht
"fett" wie bei Übergewicht (S. 10). Das Wort (nicht
als bezeichnet) bedeutete seine Freunde oder
Homies, den Ehemann, Freund oder Liebhaber
einer afroamerikanischen Frau oder eines Mädchens, jeden, der aushandelt; oder "Schwarz" (kulturell verwurzelt) von "weißen" (kulturell assim-
ilierten) Afroamerikanern abzugrenzen – all dies
sind Beispiele für "Script Flipping"; oder die se-
mantische Umkehrung von Wortbedeutungen in
EAL (European American English) volksmund (S.
11).

Haters
GONNA
HATE

KAPITEL 5: 'EAT THE RICH' - POPULAR VERSUS HIGH CULTURE PERSPECTIVE

Obwohl viele jugendorientierte Genres unter Beschuss geraten, wird nicht unbedingt jede "Lowbrow"-Musik von den Jungen genossen, aber sie kommt immer noch mehr unter Beschuss als "Highbrow"-Musik. Die Perspektive des "Kulturkapitals" könnte Licht auf dieses Phänomen werfen. Bourdieu prägte den Begriff "Kulturkapital", um zu erklären, wie Waren Klassenunterschiede "ausdrücken" und wie Gruppen sie nutzen, um ihren Platz in der Gesellschaft einzufordern. Er argumentierte, dass Klassen gegeneinander konkurrierten, indem sie Waren als Waffen benutzten. Das Ergebnis ist eine "Spannung" zwischen "unterschiedenGütern" und der Popularisierung, die ihren sozialen Status bedrohen würde (was dazu beitragen könnte, einige der Kontroversen über Musikformen zu erklären, die die Eliten normalerweise als "niedrige Klasse" betrachten) (Corrigan, 2004).

Bordieu argumentierte weiter, dass sich das Kulturkapital vom Wirtschaftskapital unterscheide (d.h. Eigentum, Habseligkeiten) – beide seien Kapital, aber das Kulturkapital sei "in angemessener und scheinbarer Weise verbraucht" und mit Bildung verbunden (Corrigan, 2004:26-7). Corrigan benutzt kurz Musik, um Bordieus Idee zu unterstützen, dass man die soziale Position des anderen bestimmt; und dass viele Praktiken in Verbindung miteinander auftreten. Bordieu fügt dann hinzu, dass der Verbrauch einiger Waren (aber nicht anderer) ein Zeichen der Unterscheidung (oder eines Mangels daran) ist (Corrigan, 2004). Daher sind die Klassentrennungen mit den Trennungen zwischen Highbrow- und Lowbrow-Genres (wie Klassik und Popmusik) und sogar klasseninternen Konflikten (wie Heavy Metal im Vergleich zu anderen Lowbrow-Genres wie Rap oder Pop) verbunden.

Corrigan (2004:32) fügt hinzu, dass Kulturkapital eine Möglichkeit sei, "soziale Begegnung zu orientieren", "gut abgestimmte Beziehungen zu fördern" und "diskordale, auch die diskorsolierenden Beziehungen" sowie ein Produkt eines Klassenkampfes zu fördern. Es bringt Menschen zusammen, indem sie "Farben und Menschen heiraten". Sternheimer (2003) erklärte, dass Genres wie Rap, Punk und Heavy Metal jungen Menschen helfen, Identitäten zu konstruieren und Gruppenzugehörigkeiten zu bilden sowie mit ihren Emotionen zu sprechen; auch wenn sie "Sensibilitäten beleidigt" und die Natur von Macht und Autorität in Serannien herausfordert.

Oft manifestieren sich die Trennungen zwischen Populär- und Hochkultur durch die Sorge, dass "Lowbrow"-Genres einen schlechten Einfluss auf Kinder haben. Sternheimer argumentierte, dass es sich bei diesen "Bedenken" um "maskierte Versuche handelte, den Geschmack und die Vorlieben weniger mächtiger gesellschaftlicher Gruppen zu verurteilen". Umgekehrt ist Unterhaltung, die in die "hohe" Kultur (Oper, Ballett oder Sinfonieorchester) passt, wertvoller als die Populärkultur und wurde dieser Prüfung nicht unterzogen. Daher ist es gesellschaftlich akzeptabler, den Geschmack anderer Menschen zu unterwerfen, als sie direkt zu kritisieren (Sternheimer, 2003:8-9).

Warnaufkleber sind ein Beispiel dafür, dass "unangemessene" oder Lowbrow-Musik von "angemessener" oder Highbrow-Musik abgegrenzt wird (wo nicht zu viele dieser Aufkleber gefunden werden). Doch die Zensur von Musik und das Unterschieben hat einen unerwarteten Gewinn – diese Aufkleber werden auch zu einem "Ehrenabzeichen" unter den Heavy Metal- und Rap-Szenen, die Musik wird lustig und lässt sich mit moderner Technik kostengünstig (kostengünstig) reproduzieren.

Allerdings unterstützten nicht alle in diesem Bericht erwähnten Studien Bordieus "Snob-to-Slob"-Dichotomie, und einige davon finden sich im nächsten Abschnitt.

USE YOUR BRAIN: PAST STUDIES AND ACADEMIC LITERATURE SUPPORTING THE 'POPULAR VS. HIGH CULTURE' PERSPEKTIVE

Sowohl Corrigan (2004) als auch Sternheimer (2003) argumentierten, dass die Trennungen zwischen Populär- und Hochkultur das beeinflussen, was Menschen unterschiedlicher sozialer Herkunft schmeckt. Dennoch unterstützte ihre Literatur vor allem eine "Snob-to-Slob"-Dichotomie und konzentrierte sich auf Menschen aus Übersee und nicht auf lokale.

Während sie Gans' (1967, 1974) Hypothese anerkannten, dass "Geschmackskulturen" und "Geschmacksöffentlichkeiten" bei der Auswahl von Produkten mit ähnlichen Qualitäten existierten, legten Bennett und Kollegen (1999) nahe, dass Musik über ein einfaches "Snob-to-Slob"-Spektrum hinausging. Ihre Ergebnisse der australischen Teilnehmer unterstützten ein Modell der "kulturellen Univores/Omnivores" (ein Begriff, der von Peterson und Simkus, 1992 entlehnt wurde), bei dem höhere Statusgruppen eine größere Vielfalt von Genres als niedrigere Statusgruppen schätzten. Umgekehrt hatten niedrigere Statusgruppen eingeschränktere Präferenzen und waren eher geeignet, sie zu verteidigen (wie es Heavy Metal- und Rap-Fans beide tun). Peterson prägte dieses Konzept als "ideale Allesfresser", bei dem man mehr Genres zu schätzen lernt und "höhere kulturelle Geschmäcker" entwickelt. Umgekehrt werden einige Leute als "Lowbrow Omnivores" betrachtet, wenn sie mehr kommerzielle oder Lowbrow-Musikgenres und ein oder zwei "höhere" Genres mochten. In der gleichen Studie gaben zwei Teilnehmer zu, Heavy Metal/ Hard Rock neben "Middle of the road" Kommerziellem Rock (wie Icehouse oder David Bowie) und klassischer Musik (wie Mozart) am meisten zu mögen (wie Def Leppard oder Metallica).

Bennet et al. helfen dabei, zu beurteilen, wer Heavy Metal eher mag, gibt aber nicht viel Einblick in das Warum (außer wo ein Fan sowohl Mozart als auch Metallica aus technischen Gründen mag). Die Ergebnisse legten auch nahe, dass die Abneigung gegen Heavy Metal Alters-, Geschlechts- und Klassenbarrieren überschritt: In der Gesamtstichprobe gaben 48,3 % aller Teilnehmer an, dass sie es am wenigsten mochten); 51 % der weiblichen und 41 % der männlichen Befragten gaben an, dass sie es am wenigsten mochten, keine Teilnehmer über 35 gaben an, dass sie die Musik bevorzugten; und 58 % der Führungskräfte und 55 % der Berufstätigen gaben an, dass sie dies im Vergleich zu nur 38 % der Arbeiter am meisten missfielen. Altersunterschiede in der Umfrage von Bennet et al. (1999) mögen einige der Konflikte zwischen jungen Heavy Metal-Fans und ihren Eltern erklären (und damit das Argument der Angst vor der Jugend unterstützen), aber die Erfahrungen älterer Fans nicht berücksichtigen.

Die Ergebnisse in Tabelle 7.3 von Bennet und Kollegen Text zeigen Geschlechterpräferenzen für Musikgenres (Bennet et al, 1999:176). Zu den Vorlieben unter den weiblichen Teilnehmern gehörten leichte Klassik, Musicals, Religion/Gospel, leichtes Zuhören, Top 40, Soul und Oper. Im Gegensatz dazu bevorzugten männliche Teilnehmer eher "härtere" Genres wie Heavy Metal, Blues, Rock, Alternative Rock, Folk, Techno und Country. Für Klassik, Avantgarde, Jazz oder Big-Band-Musik wurden keine Geschlechterpräferenzen gefunden. Dennoch gibt es keine Erklärungen dafür, warum Frauen "leichtere" Genres wie klassische oder leicht hörende Musik den "schwereren" vorziehen, eine Frage, die Forscher wie St. Lawrence und Joyner (1991), Boeglin (2000) oder Dixon und Linz (1997) beantworten könnten.

Bennett et al's (1999) Ergebnisse unterstützen die Perspektive des "Kulturkapitals" und weisen darauf hin, dass Heavy Metal bei führungskräften und beruflichen Berufen am wenigsten populär und bei denen, die Handarbeit leisten, am beliebtesten ist. Hinter diesen Verteilungsmustern gibt es keine Erklärungen, sondern nur, dass sie darauf hindeuten, dass Heavy-Metal-Fans im Durchschnitt weniger Zugang zu wirtschaftlichen, politischen und sozialen Ressourcen hätten als Nicht-Metaller und damit weniger Einfluss auf die öffentliche Agenda.

TRIP TO THE BRAIN: AKTUELLE QUANTITATIVE STUDIEN, DIE DIE BRAIN, THOUGHTS, VERHALTEN UND MUSIKPRÄFERENZ VERKNÜPFEN

Ich persönlich mochte diese Studien am besten. Das lag nicht nur daran, dass sie Ergebnisse zeigten und Schlussfolgerungen zogen, die mit meiner eigenen Erzählung (wie es ist, ein Metal-Fan zu sein) übereinkamen, sondern sie illustrierten mehr als eine einfache "Ursache-Wirkung"-Beziehung zwischen dem eigenen Musikgenre und ihrem Verhalten, indem sie auf andere wahrscheinliche Faktoren kontrollierten.

Took und Weiße (1994) argumentierten, dass es eine Ursache-Wirkung-Beziehung zwischen Heavy Metal (und Rap) und jugendlichen "Turbulenzen" (wie sich durch schlechte Schulnoten, Verhaltensprobleme, sexuelle Aktivität, Drogen- und Alkoholkonsum und rechtliche Probleme manifestieren) gebe. Sie testeten diese Hypothese, indem sie die Unterschiede in den Verhaltensproblemen derjenigen untersuchten, die Heavy Metal und Rap (HM/R) mochten, und diejenigen, die andere Musik mochten ('andere'). Bei der ersten Untersuchung stellten Took und Weiss fest, dass die HM/R-Gruppe häufiger Verhaltensprobleme hatte als die "andere"-Gruppe; nachdem sie jedoch das Geschlecht kontrolliert und die Gruppen "ausbalanciert" hatten (indem sie weibliche Teilnehmer aus der "anderen" Gruppe entfernten), stellten sie fest, dass Geschlecht und schlechte Grundschulnoten die Hauptfaktoren waren (da Jungen im Teenageralter eher destruktives oder aggressives Verhalten an den Tag legten als Mädchen im Teenageralter).

Diese Ergebnisse stützten frühere Studien von Wass (1998-9), die herausfanden, dass mehr Männer als Frauen Heavy Metal mochten; und Roe (1987), der feststellte, dass schlechte Noten in der Grundschule bedeuteten, dass junge Menschen eher sozial missbilligte Musikgenres wählten. Die Ergebnisse unterstützten auch Ericksons (1963) Konzept der Entwicklung "Industrie versus Minderwertigkeit", bei dem schlechte Schulleistungen dazu führen, dass Kinder sich entmutigt fühlen und nach anderen Wegen suchen, um ihr

Selbstwertgefühl und ihr Zugehörigkeitsgefühl zu steigern.

McNamara und Ballard (1999) legten nahe, dass Sensationssuche (als Persönlichkeitsmerkmal) sowohl mit dem Interesse an "aufgeweckterer" Musik als auch mit antisozialem Verhalten zusammenhing. Zu den Variablen gehörten Wahrnehmungen von Musik als "erregend" oder "beruhigend", ein Interesse an mehr erregender Musik (wie Heavy Metal), Partituren auf der Sensation Seeking Scale (SSS Form IV) von Zuckerman und Kollegen (1978), physiologische Maßnahmen wie Herzfrequenz und Blutdruck, Punkte auf der Pd-Skala (Skala 4) auf dem MMPI-2 (die antisoziales Verhalten misst (wie Diebstahl, sexuelle Promiskuität, Lügen und übermäßiges Trinken).

Sie fanden heraus, dass das Interesse an mehr erregender Musik mit verminderter Ruheerregung (Herz-Kreislauf-Aktivität) bei Männern korreliert, aber nicht bei Frauen. McNamara und Ballard (1999) schlugen vor, dass kontextbezogene Faktoren wie wahrnehmungen von Musikgenres als männlich oder weiblich oder die Notwendigkeit für Frauen, weniger anregende Musik zu genießen, um optimale Erregungsniveaus zu erreichen, die Ergebnisse beeinflusst haben könnten. Während die Studie durch die Stichprobengröße und die Universitätsstudenten begrenzt war, stellte sie fest, dass der verwirrende Faktor niedrigere ruhende Erregung oder Empfindungssuche (als Verhaltens- oder Persönlichkeitsmerkmal) sowohl mit antisozialem Verhalten als auch mit dem Genuss mehr erregender Musik zusammenhängt. Diese Ergebnisse können helfen, Behauptungen zu ruhen, dass Genres wie Heavy Metal zu antisozialem Verhalten führen; und schlagen vor, dass Möglichkeiten, sich in "extremen" Sportarten zu engagieren und mehr aufregende Musik zu hören, tatsächlich den Bedarf an antisozialem Verhalten verringern könnten.

Ballard und Kollegen (1999) versuchten, die Mythen rund um Heavy Metal und Rap zu enthüllen. Die Teilnehmer mussten sich entscheiden, ob geschriebene Texte (mit asozialen Themen wie Sex, Drogenkonsum oder Selbstmord oder prosoziale Themen wie soziale Verantwortung oder Umweltschutz) Rap, Heavy Metal, Country oder Pop waren. Die Teilnehmer waren der Meinung, dass die antisozialen Inhalte in Metal- und Rap-Musik weniger zu prosozialem Verhalten anregnen (aber kein antisoziales Verhalten anstiften) als etwa Pop- oder Countrymusik. Sie kamen zu dem Schluss, dass die Wahrnehmungen der Probanden (wo Texte antisoziales Verhalten anregen) auf medienübergreifende Darstellungen sowohl von Rap- als auch von Metal-Darstellern (oder Fans) zurückzuführen sein könnten, die sich in unsozialen Handlungen engagieren.

Darüber hinaus schlugen die Forscher auch vor, wie bestimmte Narrative (z. B. medienwahrnehmungen) bedeuten würden, dass Hörer weniger günstig behandelt würden: Als Teenager beispielsweise lassen sie ihr Verhalten eher von ihren Eltern überwachen als solche, die diese Genres nicht hören. Ballard et al. gaben zu, dass ihre Studie nicht genügend Teilnehmer hatte, die Rap oder Metal mochten, mehr Teilnehmer aus diesen Gruppen hätten unterschiedliche Ergebnisse garantiert.

Carrie Fried (2003) untersuchte auch die Stereotype von Heavy Metal- und Rap-Fans und vermutete, dass die Leute Heavy Metal-Fans als "selbstzerstörerisch" sehen würden, Rap-Fans als "Bedrohung für andere" und dass Rap-Fans sich in Rasse und sozioökonomischem Status von Heavy Metal-Fans unterscheiden würden (d.h. sie würden als Teil einer "Out-Group" betrachtet werden). Sie benutzte Binders "Korruptionsrahmen" (um Stereotype von Heavy-Metal-Fans zu untersuchen) und den Rahmen "Gefahr für die Gesellschaft" (um Rap-Stereotypen zu untersuchen), da die Medien Oft Heavy-Metal-Künstler und -Fans als selbstzerstörerisch (wie Drogen nehmen oder Selbstmord begehen) und Rap-Fans (besonders wenn sie jung, schwarz und männlich sind) als in Verbrechen, Drogen und Banden verwickelt dargestellt wurden.

Die folgenden Ergebnisse zeigten, dass die Teilnehmer Rap-Fans als Bedrohung für die Gesellschaft (und als Teil einer "Out-Group"), Heavy

Metal-Fans als Bedrohung für sich selbst, sowohl Rap als auch Heavy Metal, als Image (aber Heavy Metal mehr), Heavy Metal-Fans als eine Bedrohung für die Gesellschaft sahen, aber keine Unterschiede zwischen den Gruppen in Bezug auf die familiären Eigenschaften. Die Folgen waren, dass Rap- und Heavy-Metal-Fans von Gesundheits-, Bildungs- und Rechtseinrichtungen anders behandelt würden als Nicht-Fans. Ein junger Mann, der wegen Mordes angeklagt war, hörte zum Beispiel Rap-Musik – das funktionierte nicht zu seinen Gunsten. Oder ein Heavy-Metal-Fan, der beim Rauchen erwischt wird, würde eher in eine Drogenbehandlungseinrichtung geschickt werden als ein Nicht-Metaller (Fried, 2003).

Donna Deyhles Feldstudie "From Break Dancing to Heavy Metal" (1999) zeigte, wie Heavy Metal- und Rap-Hörer in realen Lebenssituationen behandelt wurden, indem sie junge Mitglieder der Navajo- und Ute-Gemeinden untersuchten. Während die Navajos und Utes viele Formen sozialer Benachteiligung erlitten, mochten die "Best-off"-Schüler "Soft Rock" (Pop) - Deyhle nannte dies "die Mehrheitsleistung". Sie schnitten in der Schule gut ab, waren sportlich oder außerschulisch tätig, hatten ein starkes Interesse an ihren Bräuchen und untergingen ihren traditionellen Zeremonien. Sie betrachteten "Soft Rock" als "das richtige Zeug", sahen Country-Musik als "für Hicks" an, mochten Rap nicht und hatten keine Sympathie für die

Head Bangers.

Die Rap-Fans in Deyhles Studie sahen in der Musik eine Möglichkeit, Rassismus zu bekämpfen und Gerechtigkeit mit den Weißen zu erreichen (Deyhle, 1998:3); als "anders und cool", als eine Form desStammeswettbewerbs, als eine Möglichkeit, "diesen 'Weißen' zu zeigen, kulturelle Solidarität, Geschick, Selbstwertgefühl und Durchsetzungsvermögen zu ihrer sozialen Position zu vermitteln und eine Chance auf Erfolg, Ruhm und Geld zu gewinnen (Deyhle, 1998:5-6). Dennoch wurden sie von der meist "weißen" Jury ignoriert, wenn sie an Schultalentquests teilnahmen, die von "Jocks" und anderen "beliebten" Schülern missfallen, und sie stießen auf Besorgnis von Lehrkräften (die dachten, sie sollten sich mehr auf ihre Arbeit konzentrieren). Folglich sahen sie die Schule als wenig relevant in ihrem Leben und mochten Heavy Metal später (Deyhle, 1999).

Im Gegensatz zu den Pop-Fans in Deyhles Studie fühlten sich die Heavy-Metal-Fans weder mit ihren eigenen Gemeinden noch mit der Schule oder einer breiteren Anglo-Community verbunden. Sie fielen in und aus der High School, waren unaufmerksam in der Klasse und schnitt durchschnittlich bis schlecht akademisch.

Die Fans ertrugen auch täglich weniger günstige Behandlung von ihren Nicht-Metal-Kollegen (auch andere Natives) nannte sie Weirdoes oder die Musik "Kopfschmerzen" Musik; wurden auf Schulversammlungen Lehrer für nicht angemessen gekleidet (S. 9); und von der Polizei des Drogenmissbrauchs, der lokalen Kriminalität und des Satanismus beschuldigt, wenn sie schwarz trugen (auch wenn sie Metal nicht mochten). Folglich rebellieren die Fans, indem sie nicht am Unterricht teilnehmen, schwarz tragen, öffentliche Tänze aufführen und sich aus der breiteren Gemeinschaft zurückziehen (S. 8). Allerdings pflegten sie engere Bindungen zu ihren Eltern und Großeltern als das, was ihre nicht-indischen Metal-Kollegen genossen (S. 10).

Obwohl dies ein Mikrokosmos sowohl der breiteren Heavy Metal (oder Rap) als auch der Indianergemeinschaften war, veranschaulicht es einen sehr wichtigen Punkt. Deyhle erklärte, dass andere Menschen (auch innerhalb ihrer eigenen Gemeinschaften) die schlechte Schulleistung dieser Kinder auf "schlechte Entscheidungen" zurückführten, und nicht auf die Politik oder Praktiken vieler US-Bildungseinrichtungen, die ihrer Meinung nach weder die Bedürfnisse der Indianer noch der Heavy Metal-Fans berücksichtigten. Diese Studie eignet sich gut für die 'Intersectionality' Narrative, in diesem Fall die 'Kreuzung' zwischen Rasse und Klasse, und ihre Beziehung zur Wahl der Musik.

TIME FOR A
VISION QUEST

TEIL III: MEINE EIGENEN STUDIEN UND METHODEN

University thesis

KAPITEL 6: ARIA UND AMRA LABELLING CODES OF PRACTICE FÜR AUDIO-AUFNAHMEN IN AUSTRALIEN

Nach der moralischen Panik in den USA über die Kennzeichnung von Audiomaterial haben die Australian Recording Industry Association (ARIA) und die Australian Music Retailers' Association (AMRA) einen Verhaltenskodex eingeführt, um die Fragen der Zensur anzugehen und Anleitungen zu geben, wie Mitglieder arbeiten sollten. Sie sind die Organisationen, die für die Herstellung, den Vertrieb und den Verkauf von Audio-Aufnahmen (CDs, Bänder und Schallplatten) verantwortlich sind und eine ähnliche Funktion wie die Recording Industry Association of America (RIAA) erfüllen. Der Kodex basiert auf einem nationalen

Klassifikationskodex, der sich auf die Klassifizierung von Filmen, Publikationen und Computerspielen bezieht, und zielt darauf ab, die Interessen von Verbrauchern, Künstlern, Plattenfirmen und Einzelhändlern in Einklang zu bringen (Australian Record Industry Association, 2003a).

Der Kodex besagt, dass er auf folgenden Grundsätzen beruht: die Freiheit der Erwachsenen, zuzuhören, was sie wollen; Meinungsfreiheit der Künstler; das Recht von Plattenfirmen und Musikhändlern, Tonaufnahmen der Öffentlichkeit zugänglich zu machen; und das Recht der Verbraucher zu erfahren, welche Produkte anstößig oder für Minderjährige ungeeignet sind; unter Berücksichtigung von Moral-, Anstandsoder Anstandstandards, die von vernünftigen Erwachsenen akzeptiert werden; die literarischen, künstlerischen oder erzieherischen Verdienste des Gegenstands; den allgemeinen Charakter des Gegenstands (einschließlich der Frage, ob er von medizinischem, rechtlichem oder wissenschaftlichem Wert ist); und die Personen oder Gruppen, für die sie bestimmt waren (Australian Record Industry Association, 2003a).

Der Verhaltenskodex für die Kennzeichnung enthält auch eine Reihe von Richtlinien, die angeben, wie ARIA- und AMRA-Mitglieder Elemente klassifizieren und kennzeichnen sollten (AMRA-Mitglieder müssen Artikel klassifizieren und kennzeichnen, die nicht von ARIA-Mitgliedern stammen). Wenn Sie sich nicht sicher sind, was zu tun ist, oder wenn sie Beschwerden über eine Klassifizierungsentscheidung erhalten, können die Mitglieder das Problem zur Untersuchung an den ARIA-Unterausschuss für die Kennzeichnung verweisen. Wenn sie nicht gelöst sind, können sie die Entscheidung an den Ombudsmann für die Kennzeichnung der Praxis verweisen. Im Gegensatz zu den Elterberatungsetiketten der RIAA gibt es vier Stufen der Klassifizierung und Aufkleber (Ibid).

Bild 6: Bilder c/o ARIA (Australische Aufnahmeindutrie Assozation

Level-1-Produkte haben entweder selten aggressive oder starke, grobe Sprache, oder die Themen haben eine moderate Wirkung (Stärke der Wirkung auf den Hörer), mit Referenzen oder "Themen" (Themen) im Zusammenhang mit Drogenmissbrauch, Gewalt, Sex. Sie haben schwarz-weiße Aufkleber mit der Aufschrift: "Warnung – Moderate Wirkung, grobe Sprache und/oder Themen"

Level 2 Produkte haben entweder häufig aggressive oder starke, grobe Sprache; oder starke Auswirkungen oder detaillierte Beschreibungen von Drogenkonsum, Gewalt oder sexueller Aktivität. Sie haben blau-weiße Etiketten mit der Aufschrift: "Warnung – Starke Auswirkungen, grobe Sprache und/oder Themen.

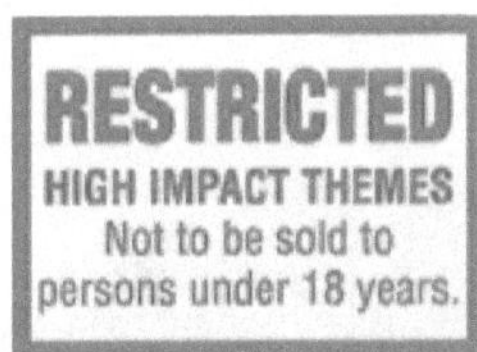

Level 3 Produkte haben grafische Beschreibungen von Drogenmissbrauch, Gewalt, sexueller Aktivität oder sehr starken Themen, mit einem hohen Maß an Intensität und Wirkung. Sie erfordern eine Erwachsenenperspektive und sollten nicht an Personen unter 18 Jahren verkauft werden. Das Produkt trägt ein rot-weißes Etikett mit der Aufschrift: "Restricted: High Impact Themes – Nicht an Personen unter 18 Jahren verkauft werden".

Produkte, die Stufe 3 überschreiten, sollten nicht von ARIA-Mitgliedern freigegeben oder vertrieben oder von AMRA-Mitgliedern verkauft werden. Sie können Texte enthalten, die Menschen oder

Tiere fördern, anstiften oder ausbeuten (debase oder missbrauchen, um anderen Spaß zu bereiten) oder unentgeltlich sind (ungerechtfertigt oder nicht erforderlich). Themen sind Aktivitäten, die bei den meisten Erwachsenen Empörung oder Empörung hervorruft: Drogenmissbrauch, Grausamkeit, Selbstmord, kriminelle oder sexuelle Gewalt, Kindesmissbrauch, Inzest, Bestialität oder andere revoltierende oder abscheuliche Aktivitäten (Australian Rekord Industry Assoziation, 2003b).

KAPITEL 7: MEINE EIGENEN STUDIEN UND METHODEN

ABSTRAKT

Diese Dissertation untersucht Unterschiede in der Art und Weise, wie Musikgenres behandelt werden und warum. Eine Studie über Klassifizierungsdaten von ARIA und AMRA zum Vergleich von Heavy Metal-, Rap- und Tanzmusik ergab Unterschiede in den Klassifizierungsstufen (angezeigt durch einen Warnaufkleber) zwischen den drei Genres: mit ähnlichen Verteilungsmustern für Klassifizierungsstufen zwischen 2001 und 2003 und vor 2001. Eine Studie über lyrische Inhalte von Heavy Metal- und Rap-Songs zeigte Unterschiede zwischen den Arten von Referenzen und Themen kontroverser Songs je nach Genre. Eine weitere Analyse von sechs der umstrittensten Texte offenbarte Unterschiede und Ähnlichkeiten zwischen den beiden Genres und gab dem Leser so einen Einblick in die Bedeutung dieser exakten Songs.

MÖGLICHE REIZENS WARUM EINIGE MUSIKGENRES BELIEBTER SIND ALS ANDERE

Dies führt mich zu einem anderen Satz von Konzepten, von komplexer gegen einfacher Musik und von "sicherer" und "gefährlicher" Musik (Levitin, 2006), die den persönlichen Geschmack berücksichtigen kann oder auch nicht – unabhängig von Faktoren wie Rasse oder Klasse.

COLLEEN SEDGWICK

EINFACH VERSUS KOMPLEX MUSIK (INVERTED U HYPOTHESIS)

Die meisten Menschen (zumindest in westlichen Gesellschaften) werden anfangen, einfache Musik zu mögen, und wenn sich ihr Geschmack ändert, werden sie sich langsam an komplexere Melodien gewöhnen und lernen, sie zu schätzen, aber wenn die Melodie, die sie hören, zu komplex ist, dann kann der Hörer entscheiden, dass sie überhaupt nicht interessiert sind, und somit 'abschalten'. Wenn man seine Vorliebe für eine bestimmte Art von Musik auf einem Graphen darstellen würde, mit der Komplexität einer Melodie auf der "X" (horizontalen) Achse und ihrer Vorliebe dafür auf der "Y" (vertikalen) Achse, werden sie feststellen, dass ihre Vorliebe dafür ihren Höhepunkt erreichen und dann abnehmen wird (besonders wenn man eine bestimmte Schwelle erreicht) – ähnlich wie ein umgekehrtes-U oder umgekehrtes-V (Levitin) , 2006). Dies mag durchaus erklären, warum Babys und Kleinkinder Kinderreime mögen, aber als Kinder wachsen und sich entwickeln, werden sie wahrscheinlich komplexere Arten von Musik zu schätzen wissen (wie die Jingles, die in TV- und Radio-Anzeigen oder Popsongs verwendet werden), aber vielleicht nicht etwas Komplexeres verstehen (wie Klassik oder Heavy Metal), bis sie später eingeführt werden.

Viele Faktoren, wie die Änderungen in Geschwindigkeit, Tonhöhe oder Lautstärke, sowie die Leichtigkeit des Verstehens, können zur Komplexität der Musik beitragen – jemand, der sich entspannen möchte, kann etwas hören, das konsequent "weich" und langsam ist, während jemand anderes vielleicht im Fitnessstudio trainieren oder joggen möchte, so dass er etwas konsequenter estut und hohe Energie (Levitin, 2006)..

'SAFE' VERSUS 'DANGEROUS' MUSIC

Ein weiterer Faktor, der bestimmt, wie gut Menschen das Unbekannte nehmen, ist laut Levitin (2006) der "Sicherheitsfaktor": Neue und unbekannte Lieder zu hören ist ähnlich wie das Ausprobieren einer neuen Art von Essen. Als Beispiel nennt er die Beere: Wenn man die Himbeere probiert und sie schmeckt schön und reif (aber nicht überreif bis zur Fäulnis), wird man in Zukunft wahrscheinlich eine Himbeere oder eine Brombeere oder ähnliches probieren. Und wenn man schlechte Erfahrungen mit einer bestimmten Art von Lebensmitteln hat, wie einige Arten von Gemüse - Brokkoli und Kürbisse sind zwei Beispiele - sind die Chancen, sie werden es nicht mögen und wollen es später nicht konsumieren.

Zum Beispiel kann man gekochten Kürbis serviert worden sein und es kann betäubt haben, und so wird man es nicht essen wollen; aber wenn sie Kürbis geröstet haben, sind die Chancen, dass es riechen (und hoffentlich schmecken) viel besser.

Levitin vergleicht es auch mit einem Roadtrip: Wie der Fahrer, den Fahrer von einem Ort zum anderen zu bringen, vertraut man dem Musiker, dass er dich von einer Note, einem Vers, einem Refrain, einer Bleipause und so weiter mitnimmt, bis du das Ende des Liedes erreicht hast. Der Komponist schimmert Sie dann in einen Zustand des "Vertrauens und der Sicherheit", und weil die Musik vertraut ist, fühlt man sich von Ort und Geborgenheit.

Allerdings mögen einige Leute ein Element der Überraschung ihrer Musik, genau wie sie ein Gefühl von Abenteuer haben und genießen Sie den Nervenkitzel der Entdeckung, wenn Sie einen unbekannten Ort besuchen. In der Tat, einige Menschen genießen diese Risiken so viel, dass sie eine Straße weniger gereist nehmen, und sogar von einem Ort zum anderen. Sie kommen sogar, um das Unbekannte vorwegzunehmen. Andere Leute nehmen nicht so freundlich zu diesen Überraschungen und werden in Panik-Modus gehen, wenn etwas "awry" passiert. Zum Beispiel könnte der Song unerwartet in der Mitte aufhören (AC/DCs 'Jailbreak'), haben zu lange Lead Breaks oder ändern Melodie unerwartet (Iron Maiden

'Rime of the Ancient Mariner' oder Venom es 'At War with Satan') oder beschleunigen kurz vor dem Ende (Black Sabbath es 'War Pigs'), so dass der Hörer sich fragt, was los ist.

Und etwas Ähnliches passiert, wenn man neue Musiktypen hört: Der Hörer ist offen für etwas Neues, so ist eine andere Botschaft, mit der sie sich verbinden und damit "ihre Abwehr kräftezieren" werden. Im Gegenzug hoffen sie, dass der Komponist nicht "ihre Schwachstellen ausnutzt", indem er nicht ins Mikrofon schreit, aggressiv klingt oder in ihren Texten etwas Krausoder Vulgäre sagt. Während Levitin (2006) Wagner (einen klassischen Musiker) als ein solches Beispiel zitiert hat (für seine angeblichen "antisemitischen" Tendenzen), könnte ich leicht eine Vielzahl von Black Metal Bands mit ähnlichem Inhalt abschalten: Burzum, Mayhem, Impaled Nazarene, Bulldozer, etc.

Es ist höchstwahrscheinlich diese Art von Bands, die ich Leuten empfehlen würde, die kein Problem damit haben, Fantasie von Realität zu unterscheiden; und nicht an diejenigen, die leicht ausgelöst oder leicht beeinflusst werden. Allerdings habe ich gehört, dass Leute "ausgelöst" wurden, die "Baby, es ist kalt draußen" (die neueste Version von Michael Bublé) (McMahon, 2018) so leicht hörten, wie sie es von jedem Kannibalen-Leichen-, Bulldozer- oder PungentStench-Song gewesen sein könnten, obwohl der frühere Track für die Ohren der meisten Zuhörer "angenehmer" wäre als jeder andere.

Allerdings muss man sich fragen, ob es in dem Lied wirklich darum ging, dass jemand (ein Mann) eine andere Person in einer schwächeren Position (eine Frau) ausnutzt, als sie, indem sie sie dazu manipuliert, etwas zu tun, was sie nur ungern tun. Aber laut dem Journalisten Jim Duffy (2018) gab es in den 1940er Jahren einen Song, der Frauen war ganz anders, und es war verpönt, dass Frauen im Haus eines Liebhabers übernachteten. Wurde das Lied also aus dem Zusammenhang gerissen oder nicht? Der Geist wackelt darüber, wie solche Leute reagieren würden, wenn sie Iron Maidens "22 Acacia Avenue" oder Bulldozers "The Cave" hören würden? Sie würden auseinanderfallen.

STUDIE 1 – RATINGS SURVEYS

Eine zweiteilige Umfrage wurde zu Warnaufklebern auf CDs, Schallplatten und Kassetten durchgeführt. Der Zweck ist zu sehen, wie Musikgenres gekennzeichnet werden: Aufnahmen klassifiziert (oder reklassifiziert) zwischen 2001 und 2003 gegeben Labels für Level 1-3; oder Aufnahmen, die vor 2001 klassifiziert wurden und die Tier 1- oder Tier-2-Klassifizierungskriterien erfüllen (Australian Record Industry Association, 2001). Teil 1 bezieht sich auf das jüngste System der Klassifizierung von Musik, wo vier Ebenen verwendet werden, seit 2001 (Australian Record Industry Association, 2003b). Teil 2 betrifft das bisherige zweistufige Kennzeichnungssystem (vor 2001). Schwere Musik (einschließlich Metal, Punk und Hard Rock), Rap und Dance Musik (inklusive Techno) wurden verglichen. Die Gesamtergebnisse für Die Klassifizierungskategorien und für das Genre wurden auch für Teil 2 zeitlich verglichen.

HYPOTHESE

Es wurde angenommen, dass mehr "Heavy"-Musik- und Rap-Musikaufnahmen wahrscheinlich für Zensur (und "Sticker") ins Visier genommen würden; und auf den Stufen 2 und 3 als andere Musik klassifiziert. "Heavy"- und Rap-Musik wurde auch eher von ARIA- und AMRA-Mitgliedern als anstößig und verbraucherbeschwerdespflichtig angesehen. Um diese Hypothesen zu testen, wurden sowohl "Heavy" als auch Rap-Musik mit Tanzmusik (einschließlich Techno) verglichen.

METHODS

Die Eintragung von 2003 klassifizierten oder reklassifizierten Erzeugnissen wurde erhoben. Diese Produkte erfüllten die Kriterien Level 1 (Moderate), Level 2 (Strong) und Level 3 (Restricted). Es wurden "Heavy", Rap und Dance Musik gemacht. Die Ergebnisse wurden mit der Software "Frau Excel" (Spreadsheet) berechnet. Frequenzpolygone wurden verwendet, um Zahlen anzugeben, die zu jedem Genre und jeder Klassifizierung gehören.

ERGEBNISSE

Die Ergebnisse waren wie folgt:

Gesamtklassifizierungsstufen

Nach dem obigen Diagramm beliefen sich die Artikel, die zu den Genres "Heavy", Rap und Dance passten, auf 250. Insgesamt wurden (unabhängig vom Genre) 191 Punkte auf Stufe 1, 53 auf Stufe 2 und 6 auf Stufe 3 klassifiziert.

Genre Summen

Die Hypothese, dass "Heavy"-Musik eher ins Visier genommen würde, wurde unterstützt – insgesamt 191 Aufnahmen von "Heavy"-Musik wurden mit einem Warnaufkleber auf jeder Ebene gefunden. Es folgten Rap mit 53 und Dance mit 17.

Klassifikation Ssubsummen

Stufe 1 – Moderate Impact

Die Gesamtzahl der Aufnahmen betrug 191, die diesen Aufkleber oder diese Klassifizierung erhielten. "Heavy" Musik erhielt die meisten bei 100 Artikeln. Rap folgte mit 68 und Dance mit 23. Diese Ergebnisse stützten auch die Hypothese, dass "Heavy"-Musik (und in geringerem Maße Rap) eher als andere Genres wie Dance ins Visier genommen werden sollte – sogar auf einer niedrigeren Ebene.

Stufe 2 – Stärkerem-Akt

Die Gesamtzahl der auf dieser Ebene klassifizierten Aufnahmen betrug 53. Siebzehn "Schwere"
Musikstücke wurden auf dieser Ebene klassifiziert. Noch mehr Rap-Artikel (36) wurden auf dieser Ebene klassifiziert, was die Behauptung wider-
spräzige, dass "schwere" Musikartikel wahrscheinlich als solche eingestuft würden. In dieser Kategorie wurden keine Tanzelemente gefunden.

Level 3 – Eingeschränkt

Die Gesamtzahl der auf dieser Ebene klassifizierten Aufnahmen betrug 6: Vier 'Heavy' Musikstücke und 2 Rap-Elemente wurden gefunden.
Auch hier wurden keine Tanzartikel gefunden.

Unten ist Frequenz-Polygon, das die Ergebnisse
veranschaulicht:

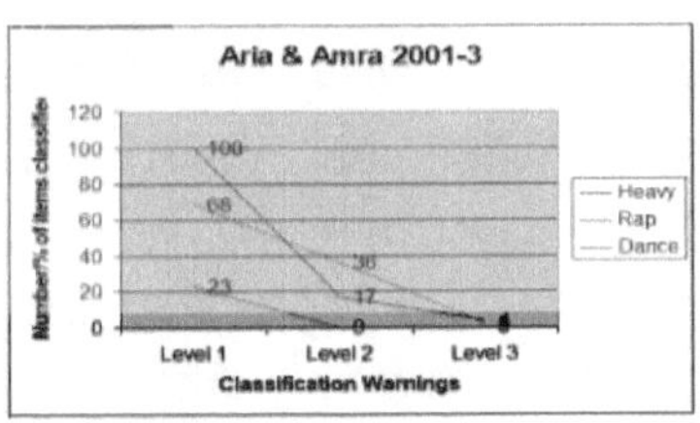

Conclusiones Für Teil 1

Auf den ersten Blick würde man glauben, dass "Heavy" Musik anstößiger ist, da es mehr "Heavy" Musikaufnahmen in diesem Sample für alle Sticker als die anderen beiden Genres gab. Die höhere Anzahl von Rap-Artikeln, die auf Stufe 2 klassifiziert sind, deutet jedoch darauf hin, dass dies nicht unbedingt der Fall ist. Weitere "Heavy"-Musikaufnahmen wurden wieder auf Level 3 klassifiziert. Unter 'Jenseits von Stufe 3' wurden keine Elemente aufgeführt. Die Gesamtzahlen für Tanzmusik waren relativ gering, und keine wurde entweder auf Level 2 oder 3 klassifiziert, was die Behauptung untermauerte, dass Tanzmusik weniger als Metal oder Rap angepeilt (d.h. angeaufklebert) war. Eine zweite Studie wurde durchgeführt, um Unterschiede in der Behandlung dieser Genres vor 2001 und zwischen 1996 und 2001 zu ermitteln.

TEIL 2 – CLASSIFICATIAUF AUF ZWISCHEN 1996 UND 2001

In Teil 1 ging es um die Einstufungsbewertungen

zwischen 2001 und 2003, bei denen ein Verhaltenskodex eingeführt wurde und Änderungen der Klassifizierung vorgenommen wurden. Teil 2 besagte das vorherige System (zwischen 1996 und 2001) – bei dem Material, das ARIA und AMRA gemeldet wurde, eine Tier-1- oder Tier-2-Bewertung erhielt (für moderate und stärkere Sprache bzw. Themen). Die gleichen Hypothesen für Teil 1 wurden für Teil 2 verwendet – dass "Heavy" und Rap-Musik mehr als Tanzmusik geaufklebert werden; und sie wären wie Teil 1 mit der Art und Weise, wie die Genres behandelt werden. Die Listen wurden von 1996 bis 2001 eingeholt; Die Ergebnisse wurden mit MS Excel berechnet und ein Frequenzpolygon mit Tier 1- und Tier-2-Beträgen für jedes Genre (Australian Record Industry Association, 2001) wurde erstellt.

ERGEBNISSE

Gesamtklassifizierungsstufen

Insgesamt 351 Artikel erhielten zwischen 1996 und 2001 (fünf Jahre) entweder einen Tier-1- oder Tier-2-Aufkleber. Dies durchschnittlich 70 Artikel (Alben und Singles) pro Jahr, die in die "Heavy" Musik, Rap und Tanz Kategorien passten. Innerhalb dieser Gesamtbewertungen wurden 301 auf Stufe 1 und 50 auf Stufe 2 klassifiziert. Im Vergleich zu dieser Studie hatte Studie 1 insgesamt 250 Artikel innerhalb von 2-3 Jahren. Das waren durchschnittlich 80 Posten pro Jahr, zehn mehr als im vorangegangenen Zeitraum von 1996 bis 2001.

Genresummen Insgesamt

Teil 2 trug ähnliche Ergebnisse wie Teil 1 – mehr "Schwere" Musikstücke wurden als für jedes andere Genre geaufklebert. Die Anzahl der "Schweren" Musikelemente, die entweder in Stufe 1 oder Stufe 2 eingestuft wurden, betrug 242. Es folgten Rap mit 85 und Dance mit 24 Jahren, was die Hypothese nütze, dass "Heavy" und Rap-Musik als andere Genres geaufklebert würden und dass es ein ähnliches Verteilungsmuster in Teil 2 geben würde, wie es für Teil 1 der Fall wäre – dass Heavy Music am meisten geaufklebert würde, gefolgt von Rap und dann Dance.

Klassifikationteilsummentotals

Tier 1 Ergebnis

Die Ergebnisse für die Tier-1-Klassifikation waren 219 für 'Heavy' Musik (die höchste Punktzahl), 59 für Rap (die zweithöchste) und 23 für Dance (die niedrigste Punktzahl). Das Verteilungsmuster für Stufe 1 war ähnlich wie für Stufe 1 in Teil 1.

Tier 2-Ergebnisse

Die Ergebnisse für Stufe 2 unterschieden sich von denen für Stufe 1. "Heavy" Musik hatte eine Punktzahl von 23, Rap – 26 und Dance – nur 1. Die Punktzahl für Rap war etwas höher als die für "Heavy"-Musik; die Tatsache, dass mehr Rap-Material als solches eingestuft wurde, würde auch die Hypothese stützen, dass Rap auch ins Visier genommen würde.

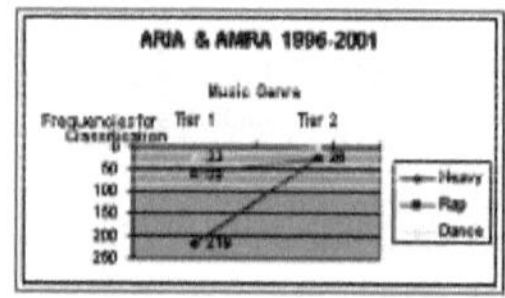

Schlussfolgerungen

Aus dieser Studie konnten mehrere Schlussfolgerungen gezogen werden. Das allgemeine Verteilungsmuster für die Teile 1 und 2 war ähnlich, wobei mehr Positionen auf einem niedrigeren als einem höheren Niveau klassifiziert wurden. Ebenso, mit Genre, die meisten Artikel mit einem Aufkleber in das "Heavy" Genre und Tanz am wenigsten passte. Bei näherer Betrachtung hatte "Heavy"-Musik jedoch mehr Level- oder Tier-1-Aufkleber und Rap mehr Level- oder Tier 2-Aufkleber, was Bedenken zerstreuen könnte, dass "Heavy"-Musik notwendigerweise anstößiger ist. Umgekehrt deutet die höhere Anzahl von Tier 2-Aufklebern auf Rap-Elementen darauf hin, dass die Themen, Referenzen oder Die Sprache in ihnen entweder eine größere Frequenz haben oder mehr Einfluss auf den Hörer haben als Tanz. Diese Ergebnisse rechtfertigen weitere Untersuchungen, um herauszufinden, ob diese Genres wirklich anstößig sind, oder ob die Beschwerden auf der Wahrnehmung der Musik basieren und wer sie hört. Eine Lyric Study würde Texte auf die Typen und Frequenzen bestimmter Wörter oder Themen untersuchen.

KAPITEL 8: STUDIE 2 - LYRISCHE STUDIE (THEMEN UND REFERENZEN)

PURPOSE

Diese Studie soll Themen und Referenzen in Texten für Heavy Metal und Rap untersuchen. Es gibt mehrere Gründe, warum diese Genres verglichen werden. Erstens haben sowohl Rap als auch Metal die meisten Kontroversen ausgelöst. In der vorherigen Studie haben Heavy Metal und Rap mehr Warnaufkleber als Techno angezogen, und Rap hatte mehr Level 2-Warnungen angezogen. Zweitens kann die höhere Anzahl von Aufklebern mehr Wörter oder Referenzen bedeuten, die mehr antisoziale als prosoziale Themen anzeigen, was das Verhalten negativ beeinflussen und eine weitere Zensur der Musik rechtfertigen kann. Und drittens hat die Kontroverse um Heavy Metal und Rap dazu geführt, dass diese beiden Genres auf verschiedene Weise stereotypisiert wurden, einschließlich dessen, worüber die Künstler singen sollen.

Die Ideen wurden von Ballard und Kollegen (1999) über lyrische Inhalte und Erwartungseffekte entlehnt; und aus Michael Bradleys (2003) Artikel "A Fine Line between Pleasure and Pain". Die erste Studie verglich Heavy Metal und Rap mit Pop und Country in Bezug auf das Musikgenre, zu dem die Teilnehmer glaubten, dass die Songtexte dazugehörten; der Hauptunterschied zu dieser Studie ist, dass sie sich in erster Linie auf Heavy Metal und Rap konzentriert, und wie das Vorhandensein verschiedener Arten von Themen oder Referenzen zu Stereotypen führt, die mit diesen Genres verbunden sind. Im letztgenannten Artikel hieß es, die Teilnehmer erinnerten sich an gewalttätigere Worte, wenn sie mehr Lieder mit "gewalttätigen" Themen hörten als solche mit "gewaltfreien" Liedern; der Hauptunterschied zu dieser Studie besteht darin, dass sie die Worte der Lieder selbst untersucht, nicht die Antworten der Menschen auf sie.

Daher ist die erste Hypothese für diese Studie, dass Wörter oder Themen in den Liedern existieren müssen, damit die Zuhörer sie hören und von ihnen beeinflussen können; und dass die betroffenen Zensurbehörden (d. h. ARIA und AMRA in Australien) Grund haben, sie zu zensieren. Die zweite Hypothese ist, dass die Arten von Referenzen und Themen in Songs je nach Genre variieren. Zum Beispiel kann Heavy Metal mehr Überdies über Satanismus, Tod oder Morbidität darstellen, während Rap mehr über Drogen oder Straßenkriminalität darstellen kann. Ziel ist es herauszufinden, warum oder wie solche Genres stereotypisiert wurden. Die dritte Hypothese ist, dass die Verweise in einem Lied stark vom allgemeinen Thema eines Liedes abweichen können – diese Hypothese wurde durch den Vergleich von Referenzen (Wörtern) mit Themen (worum es bei dem Lied ging) getestet.

Als Vergleichsgrundlage dienten folgende Themen und Referenzkategorien: Gewalt, grobe Sprache, Sex, Rassismus, Tod und Morbidität, Selbstmord, Okkultismus und Übernatürliche (einschließlich Satanismus), Negativität (Verzweiflung oder Hoffnungslosigkeit und "Dissing" oder "Abstinenz" oder Dasniederlegen anderer Menschen). Zu den prosozialen Themen gehörten: Umwelt, Gefahren von Drogen und Alkohol, Gefahren von Gewalt und Kriminalität, wirtschaftliche Gleichheit, Selbstbestimmung (oder Stolz auf sich selbst), Begriffe der Liebe (Liebe zu anderen), soziale Verantwortung/Gerechtigkeit (einschließlich Ehrlichkeit und Integrität), Religiosität und verschiedene positive und neutrale Themen oder Referenzen (wie Glück, Genuss etc.).

Es wird erwartet, dass Heavy Metal mehr der folgenden antisozialen Referenzen und Themen hat:

Der Okkulte, Tod und Morbidität, Selbstmord und Gewalt; und dass Rap folgendes hat: Sex, Rassismus und Drogen. Für die folgenden Kategorien lyrischer Inhalte sind keine Unterschiede zu erwarten: Negative Referenzen und grobe Sprache.

Es wird erwartet, dass Heavy Metal mehr der folgenden pro-sozialen Referenzen und Themen hat: Religion und Umwelt; Rap hat dabei: Selbstbestimmung, wirtschaftliche Gleichheit und die Gefahren von Drogen und Alkohol. Für die folgenden Kategorien sind keine Unterschiede zu erwarten: Terms of Endearment, soziale Verantwortung oder verschiedene positive und neutrale Themen.

METHODE

Songtexte wurden kopiert und in Ms Word-Dokumente eingefügt oder als Textdokumente (.txt) gespeichert. Alle Texte wurden entweder auf DarkLyrics.com (für Heavy Metal) oder auf OHHLA.com (für Rap) gefunden. Die Texte wurden ausgewählt, wenn sie auf der ARIA- und AMRA-Warnaufkleberliste standen oder in der Vergangenheit einige Kontroversen ausgelöst hatten.

Die folgende Technik wurde für die Referenzerhebung verwendet. Lyrics, die als Textdokumente gespeichert wurden, wurden kopiert und unter dem Dropdown-Menü "Bearbeiten" eingefügt, und die Funktion "Ersetzen" wurde ausgewählt. Auf dem Bildschirm erschien ein Dialogfeld mit einem

Leerzeichen, das unter 'Ersetzen' und den Zeichen """""""""" eingegeben wurde. Die Schaltfläche "Alle ersetzen" wurde angeklickt und alle Wörter wurden in einer einzigen Spalte gebildet. Die Wörter wurden erneut hervorgehoben, und "Spalten" wurde aus dem Menü "Format" ausgewählt. Ein Dialogfeld erschien auf dem Bildschirm, und es wurden vier Spalten ausgewählt. 'Sort A-Z' wurde aus dem Dropdown-Menü 'Tabelle' ausgewählt; und Wörter in aufsteigender, alphabetischer Reihenfolge sortiert, indem Sie auf die jeweiligen Radialschaltflächen klicken. Dies half dem Leser, die Häufigkeit bestimmter Wörter oder Phrasen zu antisozialen oder prosozialen Kategorien zu bestimmen.

Für die Themenumfrage wurden Texte als Text- oder Word-Dokumente gespeichert, später gelesen und als passend zu einer der im vorherigen Abschnitt erwähnten antisozialen oder prosozialen Kategorien interpretiert.

Die Zählungen wurden von Referenzen und Gesamtthemen und Ergebnissen auf Frau Excel (Spreadsheet) Software berechnet. Pie-Diagramme wurden aus breiteren Lyric-Kategorien (d. h. antisozialen oder prosozialen) Kategorien genommen, während Liniendiagramme (d. h. Frequenzpolygone) von Lyric-Kategorien genommen wurden.

ERGEBNISSE – REFERENZEN

Antisoziale Referenzen

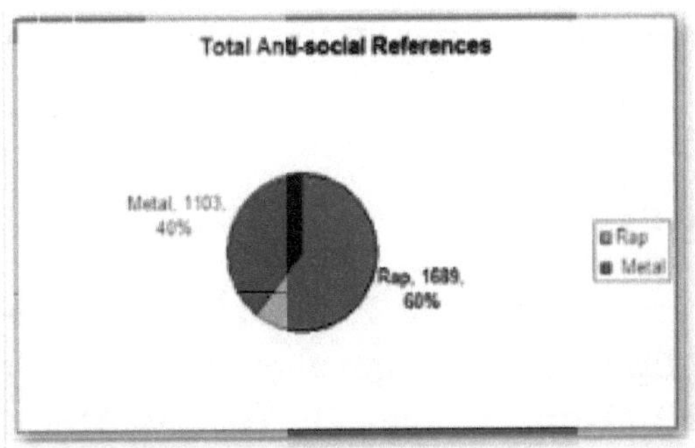

Das Kreisdiagramm für totalantisoziale Referenzen in der Stichprobe zeigte, dass Heavy Metal (n=1103) 40 % der Gesamtsumme ausmachte, während Rap (n=1689) 60 % ausmachte.

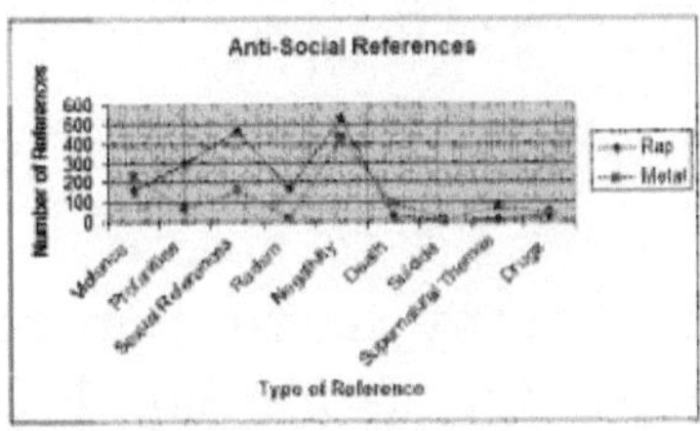

Das Liniendiagramm hatte höhere Werte für Heavy Metal als für Rap angegeben (Scores werden als Verhältnisse angegeben): Gewalt (232 zu 162); Tod und Morbidität (92 bis 27); Selbstmord (4 bis 2); Okkulte (69 bis 8) und Drogenreferenzen (46 bis 26). Bei Rap war das folgende höher als bei Heavy Metal (Scores werden wiederum als Verhältnisse angegeben): Profanitäten (300 bis 64); Geschlecht (466 bis 156); Negativität (530 bis 424); Rassismus (168 bis 16). Die Linien-grafik zeigte auch mehr Hinweise auf Gewalt, Sex und Negativität für beide Genres, während die für Tod, Selbstmord, Okkultismus und Drogen nied-rig waren.

Prosoziale Referenzen

Das Kreisdiagramm für Total Pro-Sozial Referen-zen in der Stichprobe hatte gezeigt, dass Heavy Metal und Rap ähnlich waren: Heavy Metal (n=794) machte 48% aller pro-sozialen Referen-zen aus, und Rap (n=870) machte 52% aus.

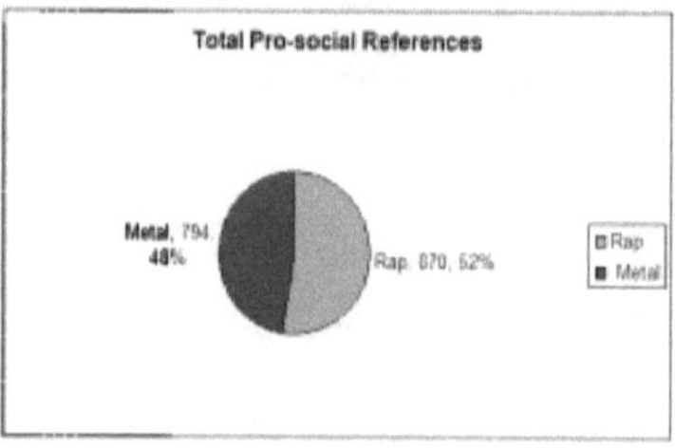

Das Liniendiagramm hatte höhere Werte für Heavy Metal gezeigt als für Rap: Religiosität (64 bis 2); und Verschiedene positive und neutrale Ref-erenzen (465 bis 214).

In der Zwischenzeit hatte Rap folgende höhere Werte als Metall: Umweltschutz (37 bis 36), die Gefahren von Gewalt (7 zu 0), wirtschaftliche Gleichheit (48 zu 1), Selbstbestimmung (203 bis 102), Begriffe der Liebe (273 bis 96) und soziale

Verantwortung (86 bis 30).

Für die Gefahren von Drogen für Heavy Metal oder Rap wurden keine Unterschiede in den Partituren gefunden.

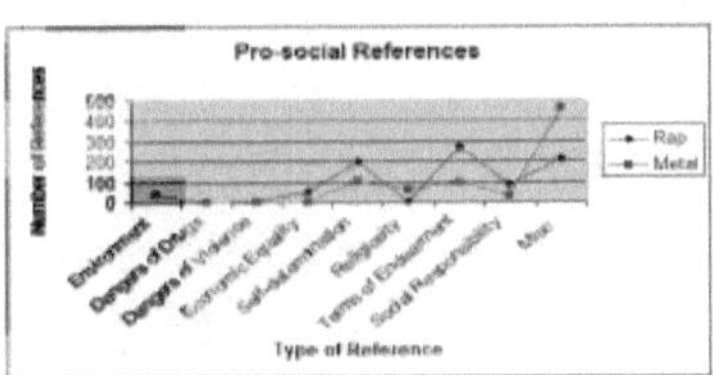

Schlussfolgerungen Für Die Referenzerhebung

Die Tortendiagramme für Total Anti-social und Total Pro-social References zeigten, dass Rap mehr von jedem hatte. Die Liniendiagramme zeigten, dass die folgenden Referenzkategorien im Schwermetall häufiger waren: Gewalt, Tod, Selbstmord, übernatürliche, Religiosität und verschiedene positive und neutrale Themen; und die folgenden waren in Rap häufiger: grobe Sprache, Sex, Rassismus, Negativität, Umweltschutz, die Gefahren von Gewalt, wirtschaftliche Gleichheit, Begriffe der Liebe und Selbstbestimmung.

In der Referenzerhebung gab es mehrere Widersprüche. Erstens gab es viele "selbstbestimmende" Wörter (wie "Pride" oder "Power") neben rassistischen Verleumdungen (wie "Nigger") in einigen Rap-Texten im Sample. Ebenso gab es viele sexuelle Bezüge und Begriffe der Liebe sowohl in Rap und (in geringerem Maße) Heavy Metal. Dies kann für diejenigen sehr beunruhigend sein, die keinem Genre zuhören oder wenig Verständnis für afroamerikanische Geschichte oder Kultur haben.

Da diese Widersprüche in den Ergebnissen der Umfrage (und der Lieder) auftauchen, kann man nicht einfach die allgemeine Botschaft des Liedes ableiten, indem man Worte einfach isoliert voneinander betrachtet. Daher war es notwendig, eine Umfrage zu untersuchen Overall Themes, und nicht nur Wörter, in Texten.

Ergebnisse – Themen

Die Hypothesen waren wie die in der Referenzerhebung. Für jeden Song wurde ein Thema verwendet, für jedes Thema wurden Zählungen gezogen und die Ergebnisse wurden auf Frau Excel berechnet. Im Beispiel wurden dieselben Songs verwendet wie in der Referenzerhebung.

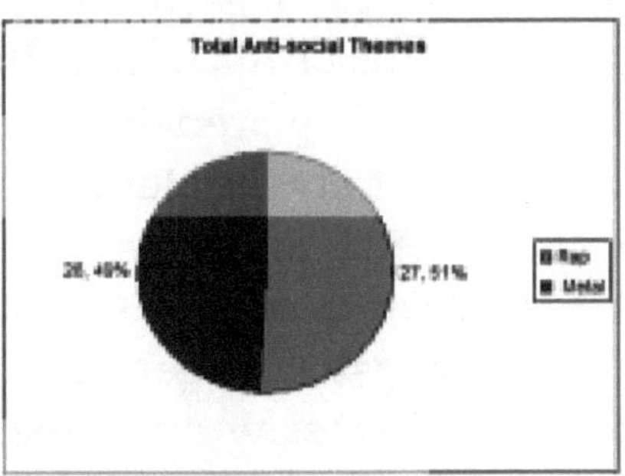

Die Tortendiagramme zeigten in etwa gleiche Prozentsätze für jedes Genre unter den breiteren antisozialen und prosozialen Themenkategorien an. Von allen Songs im Sample machte Rap (n=27) 51% der Songs mit antisozialen Themen aus, während Metal (n=26) 49% ausmachte. Von allen Songs mit pro-sozialen Themen machte Rap (n=22) 49%, während Metal (n=23) 51% des Samples ausmachte.

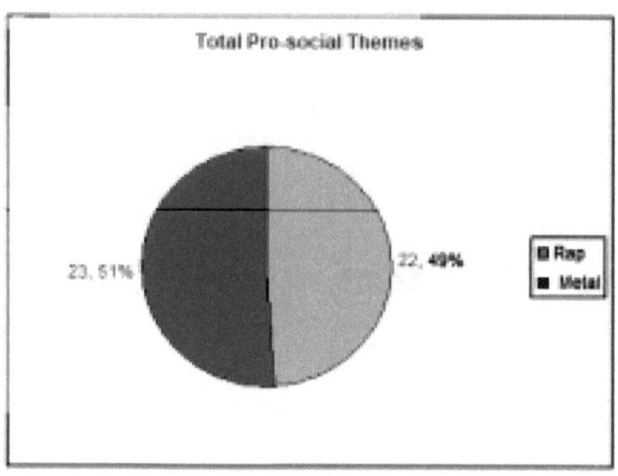

Die Liniengrafik zeigte, dass die folgenden antisozialen Kategorien für Metal größer waren als für
Rap: Rassismus (3 bis 2), Negativität (5 bis 2), Tod
(1 bis 0), Okkultismus (1 bis 0) und Drogen (4 zu
0). In der Zwischenzeit waren die folgenden Kategorien für Rap höher als für Metal: Gewalt (5 bis
4) und Sex (18 bis 8). Entgegen der Hypothese
hatte Rap weniger Songs über Rassismus und Drogen als Metal, und es gab weniger Gewalt für Metal
als für Rap; wie erwartet wurden mehr sexuelle
Themen für Rap gefunden.

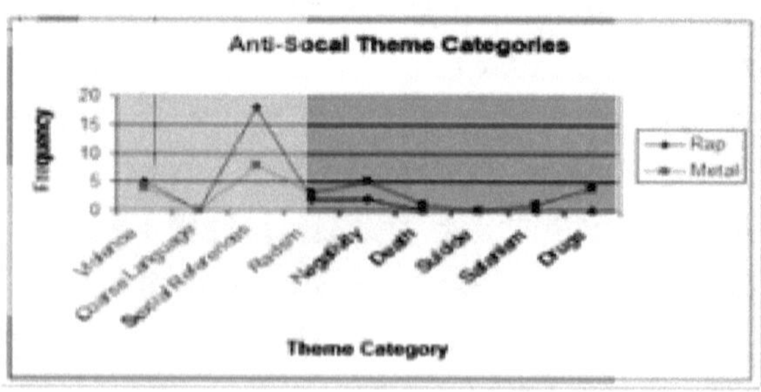

Die Liniengrafik für prosoziale Kategorien zeigte, dass für Metal die folgenden Punkte größer waren als für Rap: Umweltschutz (1 bis 0), die Gefahren von Drogen (1 bis 0), die Gefahren von Gewalt (7 bis 2) und Religiosität (5 bis 0). In der Zwischenzeit waren die folgenden Kategorien für Rap höher als für Metall: wirtschaftliche Gleichheit (4 zu 0), Selbstbestimmung (5 bis 3), Begriffe der Liebe (2 bis 1) und soziale Verantwortung (7 bis 3). Für jedes Genre wurden zwei Songs für verschiedene positive und neutrale Themen gefunden.

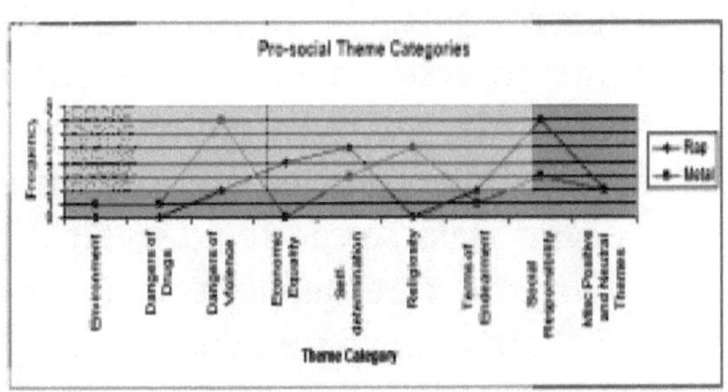

Conclusiones – Themen

Das Vorhandensein von mehr Warnaufkleber für Heavy Metal und Rap erforderte eine Lyric Survey für diese Genres. Die Referenzerhebung wurde durchgeführt, um die Frequenzen für verschiedene Arten von Wörtern für jedes Genre zu vergleichen, um zu beurteilen, warum es mehr Warnaufkleber gibt. Für die Referenzumfrage hatte Rap mehr antisoziale und prosoziale Referenzen, nach den Tortendiagrammen; doch die Tortendiagramme auf Themes zeigten, dass die beiden Genres sowohl in Bezug auf antisoziale als auch prosoziale Themen gleich waren. wie die Referenzumfrage zeigten die Ergebnisse der Themenumfrage, dass sexuelle, gewalttätige und negative Themen für beide Genres höher waren; während Tod, Selbstmord und Okkultismus niedriger waren (trotz der angeblichen Assoziation zwischen diesen Genres und Themen).

KAPITEL 9: STUDIE 3 – DETAILLIERTE LYRIKANALYSE

AIM AND HYPOTHESIS

Diese Studie untersucht sechs Songtexte (drei Heavy Metal und drei Raps) im Detail für alle möglichen Bedeutungen, die positiv (pro-sozial), negativ (antisozial) oder neutral sein können. Die Bedeutungen umfassen Referenzen (oder Wörter), Hakenlinien (Hauptzeile oder Titel, die im Chor verwendet werden, der mehrmals wiederholt wird) und allgemeine Themen (Hauptthema) der Lieder, und Texte können mehrere Bedeutungen haben, die sowohl negativ als auch positiv sein können. Ziel der Studie ist es, die Ergebnisse in Studie 2, in der Themen und Referenzen je nach Genre variierten, eingehend zu untersuchen. Darüber hinaus basiert die Studie auch auf Stuessy es Principle of Primary Repetition, wo der Hörer mehrmals einen Chor oder eine Hakenlinie hört (US Government Printing Office, 1985). Die Hypothesen basieren auf den Ergebnissen von Studie 2. Es wird daher erwartet, dass:

Ähnliche Themen und Verweise würden in diesem Teilbeispiel auftreten.

- Alle sechs Songs werden sowohl negative als auch positive Referenzen haben.
- Die Songs können ein oder mehrere Themen haben, sowohl mit negativen als auch mit positiven Bedeutungen.
- Beide Genres werden beide hohe Mengen der folgenden antisozialen Inhalte haben – Gewalt, Profunditäten, Sex und Negativität.
- Rap wird mehr Songs über (oder Verweise auf) Sex, Rasse, Negativität und Profanitäten haben, während Heavy Metal mehr Songs über (oder Verweise auf) Gewalt und Tod haben wird.
- Beide Genres werden hohe Mengen an Bezügen zur Selbstbestimmung, zu Begriffen der Liebe und der Religiosität haben; Jedoch, Selbstbestimmung und Bedingungen der Liebe wäre höher für Rap, während Religiosität wäre höher für Heavy Metal.
- Es wird erwartet, dass eine Hook-Zeile oder ein Titel eine größere Anzahl von Wörtern oder Verweisen berücksichtigt, die wiederum berücksichti-

gen, wie der Song interpretiert wird.

METHODE

Zwei Arbeitsblätter für die Arbeitsmappe ms Excel Music Survey, die in den Studien 1 und 2 verwendet wurde, wurden verwendet, um die Hypothesen zu testen. Sie waren Lyric Surveys for Metal and Rap.

Vier zusätzliche Arbeitsblätter wurden dem Workbook hinzugefügt: Anti-social Metal, Pro-social Metal, Anti-social Rap und Pro-Social Rap. Das Verfahren war wie folgt: Klicken Sie auf das Drop-down-Menü "Einfügen", und wählen Sie "Arbeitsblatt", um ein Arbeitsblatt zu erstellen, und geben Sie dann den Namen des Arbeitsblatts in die Registerkarte unten ein.

Die antisozialen und prosozialen Sektionen der Metal and Rap Lyric Surveys wurden kopiert und auf diese vier Arbeitsblätter eingefügt. Die Vorgehensweise war wie folgt: Wählen Sie den Bereich (Zellen, Zeilen oder Spalten), der in das Arbeitsblatt kopiert werden soll, "Rechtsklick" mit der Maus; Wenn ein Popupmenü angezeigt wird, wählen Sie Kopieren aus, und fügen Sie es dann in das erforderliche Arbeitsblatt ein. Aus der Metal Lyric Survey wurden Abschnitte für die antisozialen und prosozialen Referenzen kopiert und auf die jeweiligen antisozialen und prosozialen Metal-Arbeitsblätter eingefügt. Das Verfahren wurde für die Rap Lyric Survey wiederholt.

Für alle Arbeitsblätter wurden die Zahlen aller Referenzkategorien für jeden Song summiert. Die erste Zeile, wie durch den Song in der Liste angegeben, wurde ausgewählt, und alle Zahlen wurden für jede Kategorie hinzugefügt, mit dem Ergebnis unter einer Spalte "Gesamt". Jede nachfolgende Zeile/Lied wurde durch Auswahl der Spalte "Total" summiert, indem Sie das Dropdown-Menü "Bearbeiten" und dann "Füllen" und dann "Down" ausgewählt haben.

Vergleiche für jedes Arbeitsblatt wurden durch Auswahl der gesamten Liste, Klicken auf das Dropdown-Menü "Daten" und Auswählen von "Sortieren A-Z" vorgenommen. Wenn ein Popup-Menü angezeigt wird, sortieren Sie Songs nach 'Total' und in 'Descending Order'. Songs, die sowohl die antisozialen als auch die prosozialen Listen für jedes Genre übertrafen, wurden so ausgewählt, wie sie nach der Sortierung in absteigender Reihenfolge unter der Spalte "Total" erschienen. Dies bedeutete, dass die drei Rap-Songs, die sowohl die antisoziale als auch die prosoziale Rap-Liste belegten, 2 Live Crew es 'Hoochie Mama', Akones 'Bananza (Belly Dancer)' und 2 Pac es 'Me Against the World' waren. Die drei Heavy-Metal-Songs, die die antisozialen und prosozialen Metal-Listen übertrafen, waren: Marilyn Mansons "Get Your Gun", The Misfits" "Die Die My Darling" und Thin Lizzys "Killer on the Loose".

ERGEBNISSE

RAP-LIED

2 Live Crew Von Hoochie Mama

Die Texte enthalten Profunditäten, sexuelle Bezüge, negative Bezüge und rassistische Beleidigungen. Das Wort "hoochie" wird 29 Mal erwähnt (ich wusste nicht, dass dies ein sexueller Bezug war, bis ich es in seinem Kontext sah); "Haubenratte" (eine andere Bedeutung für "Stadtrad") wird 36 Mal erwähnt. Es gibt 14 andere sexuelle Bezüge (wie Beute für Gesäß oder für private Teile); 'Bitch' wird 6 mal erwähnt, das Wort 'f' wird zweimal und 'nigger' 6 mal erwähnt.

Die Hakenlinie besagt: 'You ain't nothin', aber eine Hoochie Mama/ Kapuzenratte, Kapuzenratte, Hoochie Mama'. Diese Chorus/Hook-Zeile wird 16 Mal während des Liedes wiederholt (wie in der primären Wiederholung). Auch die sexuellen Bezüge erscheinen sehr frauenfeindlich, wie in den Zeilen 13-16, Vers 1: F**k Theatralik, du ain't keine Schauspielerin/ Lay auf der Matratze, lass einen Nigga splak it/ Die Hündin ist voller Drama / Kapuzenrat Hoochie ist wie ihre Mama.

Das Lied hat auch viele Begriffe von Liebe ('lovey-dovey' Worte), wo die Band scheint, um die Frau, über die sie singen, komplimentieren. Das Wort "Mama" wird 38 Mal erwähnt, während es 21 andere Begriffe von Liebe oder Komplimente gibt. In Vers 2, Zeilen 1-2, sagt der Sänger (MC): Hoe, ich liebe deine großen braunen Augen/ und die Art und Weise, wie du deine Oberschenkel schüttelt...; In den Zeilen 7 und 8 sagt er: Weil ich sie Ghetto Hoochies/ The ons like to pop that sagt, als ob die Band die Frauen dafür lobt, dass sie große Booties (oder Rückseiten) haben.

2 Live Crew sind eine sehr umstrittene Band, und die Texte beweisen, wie kontrovers sie wirklich sind. Auf der einen Seite werden Wörter wie ho,, hood rat und hoochie verwendet, und die Zeilen 13-16 von Vers Eins beschuldigen die Frau des Dramas. Diese Worte geben den PMRC und Delores Tucker viel Munition, zumal sie häufig verwendet werden. Doch neben diesen gibt es Worte, die als Begriffe der Liebe betrachtet werden könnten. Dies wirft die Frage auf, ob die Band die Frau dafür lobt oder beleidigt, weil sie schön ist oder sie beleidigt, weil sie billig ist (d.h. "Du ain't nichthin', sondern eine Hoochie Mama) oder sie noch mehr beleidigt, weil sie nicht herauskommt (wie in den Zeilen 15-16 von Vers 2). Diese Begriffe deuten darauf hin, dass Frauen als "nur für eine Sache gut" geglaubt werden.

Was jedoch auch in diesen Texten existiert, ist das, was "Flipping the Script" (oder das Ändern von Negativen der Bedeutungvon Wörtern, so dass sie positiv sind und umgekehrt) (Smitherman, 1997). Die afroamerikanische Bedeutung und Schreibweise von (im Gegensatz zur europäischen amerikanischen Bedeutung oder Schreibweise) ist positiv – in diesem Fall bedeutet es den Mann einer afroamerikanischen Frau. Darüber hinaus gibt es einige Zeilen, die dem "Euro zentrismus" von White America widerstehen könnten, wo die Sängerin die Frau dafür lobt, dass sie eine "große ol" Beute hat(d. h. Rückseite) (Vers 3, Zeile 15) und "große braune Augen" (Vers 2, Zeile 1).

Kurz gesagt, es gibt einige positive Referenzen, aber die Hakenlinie und die zahlreichen frauenfeindlichen Bezüge überschatten die positiven Bedeutungen im Lied.

Akon – Bananza (Bauchtänzerin)

Diese Texte enthalten auch sexuelle Bezüge (zwei davon könnten auch als Profanitäten eingestuft werden) und einen Hinweis auf Verbrechen ("gangsta" wird in Zeile 3, Vers 2 erwähnt). Das Wort "Bauchtänzerin" wird insgesamt 10 Mal wiederholt; aber das Wort 'Arsch' wird nur zweimal erwähnt (in Zeile 17, Vers 1: Während ich diese schöne Sache beobachte, die den schüttelt; und Zeile 11, Vers 2: wie das, Mädchen, du musst kickin sein). Es gibt 20 andere sexuelle Bezüge wie 'Arousy' oder 'excited'.

Der Chorus/Hook-Linien werden 10 Mal im Lied wiederholt, zweimal vor Vers 1, zweimal zwischen den Versen 1 und 2, zweimal zwischen den Versen 2 und 3 und viermal nach Vers 4. Der Refrain geht so: 'Hey Ladies, drop it down/ Just want to see you touch the ground/ don't be shy, girl, go Bananza/ Shake ya body like a belly dancer'. Der Hörer würde diese Zeilen mindestens 10 Mal hören, multipliziert mit der Anzahl der Male, wie oft das Lied gehört wird – würde Dr. Stuessy glauben, dass der Hörer das Lied so oft hören würde, dass alles, was sie sich vorstellen könnten, "Beute" ist?

Es gibt auch viele Begriffe der Liebe im ganzen Lied: "Mädchen" wird 20 Mal erwähnt, "Baby" – 2 mal, "Damen" – 10 Mal, und es gibt vier andere Begriffe der Liebe oder Lob. Vers 2, Zeilen 1-2 geben fest: 'Mädchen, ich muss dir sagen, du bist der fliegendste Thang hier/ so heiß, dass ich hier etwas Regen brauche'. Während die zahlreichen sexuellen Bezüge im gesamten Song eine Menge negativer Aufmerksamkeit auf sich ziehen (da es einer der Songs auf der ARIA/AMRA Warning Sticker Liste war), wurden die meisten von ihnen in einer positiven und subtileren Weise gegenüber Frauen als in den 2 Live Crew-Texten verwendet.

2 Pac – 'Ich Gegen Die Welt'

Die Texte haben viele antisoziale Bezüge in sich:

7 Verweise auf Gewalt, eine sexistische/homophobe Referenz, eine rassistische Verleumdung, 65 negative Bezüge, 9 auf Tod oder Mord und 2 auf Satanismus. Die Chorus/Hook-Line erklärt vielle dieser Referenzen: 'It es just me against the world/ Nuttin' to lose/ It es just me against the world baby...' Diese Hakenlinie wird 33 Mal während des Liedes und viermal in jedem Chor wiederholt.

Die Verweise in Vers 1 betonen die Hoffnungslosigkeit von Straßenkriminalität, Gewalt und Totschlag, mit Zeilen 1-3: Können Sie sich meine Prophezeiung vorstellen? / Stress in der Stadt, die Bullen sind heiß für mich / das Projekt ist voller Kugeln, die Körper sind Droppin'....

Vers 2 zeigt, wie 2 Pac und andere in seiner Situation von Nachbarschaftskriminalität betroffen sind: Zeile 1-2: "Könnte mir jemand helfen. Ich bin selbst da draußen/ Siehe Damen im Laden, Baby Capone's, livin' wohlhabend...'; Zeilen 5-6: 'und screamin' Ich denke, sie Alpträume als Kind / hatte mich Angst, aber ließ mich vorbereitet...' In den Zeilen 9-12 von Vers 2 gibt die wirtschaftliche Ungleichheit, mit der man konfrontiert ist, einen Grund, sich dem Verbrechen zuzuwenden: "Jeden Tag gibt es mo" Tod, und plus ich bin teiglos/ Ich bin sehen' mo Gründe für mich, mit diebe / Schema auf dem Scheming fortzufahren und sie guckt trauernd / Ursache ain't keine Böcke zu stapeln, meine Nüsse ist gesichert...

Es konnten jedoch auch einige positive Bedeutungen gefunden werden. Es gibt 37 Umweltbezüge in dem Lied, von denen die meisten auf das soziale Umfeld (Welt) verweisen, in dem 2 Pac glaubt, dass er existiert. Es gibt auch zwei Verweise auf Selbstbestimmung und einige auf soziale Verantwortung.

Vers 3 beginnt fatalistisch, wie in den Zeilen 1-3: 'Mit all diesem zusätzlichen Stressin'/ die Frage, die ich frage, ist nach dem Tod, nach meinem letzten Atemzug / wann werde ich endlich zur Ruhe kommen? Durch diese Unterdrückung...", aber die Zeilen 4 und 5 betonen soziale Verantwortung und wirtschaftliche Gleichheit: "Sie bestrafen die Leute, die Askin'-Fragen sind/ Und diejenigen, die besitzen, stehlen von denen ohne Besitz". Es gibt eine Lösung in den Zeilen 7-8: "Die Botschaft, die ich betone: damit es aufhören, Ihre Lektionen zu studieren/ Begnügen Sie sich nicht mit weniger – sogar den genialen Fragen...' und betont selbstbestimmung in den Zeilen 9-11: "Verändere dich nie, behalte deine Essenz / Die Macht liegt in den Menschen und der Politik, die wir ansprechen/ Immer dein Bestes tun, lass dich nicht vom Druck in Panik versetzen". Die übrigen Zeilen von 12 bis 18 betonen auch Optimismus und Perserverance angesichts der Widrigkeiten: 'Und wenn du gestrandet bist/ Und die Dinge gehen nicht so, wie du es geplant hast/ Dreamin' des Reichtums, in einer Position von makin' a difference/ Politiker und Heuchler, sie wollen nicht zuhören...

Der Outro ist ähnlich optimistisch: Heh, hahahaha/ That es right/ I know it seem hard sometimes but uhh/ Remember one thing/ Through every dark night after that, there es a bright day after that/ So as matter as hard it get, stick your chest out/ Keep your head up and handle it. Was er zu sagen scheint, ist, dass "jede Wolke einen Silberstreif hat".

HEAVY METAL SONGS

The Misfits – Die, Die, Die My Darling

Gesungen von The Misfits (leitung Glenn Danzig), enthält das Lied Neben Begriffen der Liebe Auch Verweise auf den Tod (das vorherrschende anti-soziale Thema) – was dies zu einem äußerst widersprüchlichen Lied macht. Es gibt fünfundvierzig negative Wörter und Sätze und 33 positive.

Die Hakenlinie, oder Chor spricht vom Tod ("Stirb, sterben, sterben...'), gefolgt von einem Begriff der Liebe ('... Mein Liebling'). Es wird zehnmal im Song wiederholt und dann wird von "Kein einziges Wort aussprechen" gefolgt. Die Hakenlinie folgt dann, und dann ist es 'Shut your pretty mouth' (eine sehr widersprüchliche Aussage, als ob der Mund der Frau 'hübsch' ist, vorausgesetzt, sie 'shuts' it). Es folgt: 'Ich werde dich wiedersehen/ Ich werde dich in der Hölle sehen'. Der Chor wird viermal wiederholt und das Wort "stirb" 36 Mal während des Liedes.

Die Verse sind auch mehrdeutig. In den Versen 1 und 2 sagt er: "Weint nicht zu mir, oh Baby" 12 Mal in den Versen. Diese Zeile ist zwischen den folgenden anderen Zeilen: "Ihre Zukunft ist in einer länglichen Box"; "Hätte es a-comin' auf sehen sollen"; "Ich weiß nicht, dass es in deiner Macht war"; "Totes Mädchen für einen Totenburen"; und "Jetzt entlädt sich dein Leben auf dem Boden". Der Zuhörer muss darüber nachdenken, woran das weibliche Opfer stirbt. Die Worte "Die, Die, mein Liebling" legen nahe, dass Herr Danzig will, dass die Frau stirbt (und man sich fragt, warum); aber niemand weiß, ob er sie tötet oder dass sie an anderen Ursachen stirbt. Doch andere Zeilen suggerieren eine "Romeo und Julia"-Geschichte (Dead-End-Junge für ein Sackgassenmädchen); oder es gibt einen Hauch von Nihilismus (Ihre Zukunft ist in einer länglichen Kiste) – schließlich stirbt schließlich jeder.

Die lyrische Struktur würde auf jeden Fall Stuessys Hypothese der primären Wiederholung bestätigen. Die Hakenzeile "Die, Die, Die My Darling" wird mehrmals wiederholt, ebenso wie die Verse und andere Zeilen im Chor.

Thin Lizzy – 'Killer On The Loose'

Im Gegensatz zum vorherigen untersuchten Lied ("Die, Die, Die My Darling"), bei dem der Hörer sich nicht sicher ist, ob es nur um den Tod oder speziell um Mord geht, nimmt diese Nummer ein bestimmtes Thema auf.

Achtzehn der 30 negativen Bezüge beziehen sich auf Tod oder Tötung, und 7 beziehen sich auf Sex (z. B. "Ich bin ein verrückter sexueller Vergewaltiger", Vers 2, Zeile 2); es gibt 5 Verweise im Zusammenhang mit allgemeiner Negativität (z. B. "Im Schatten der Liebe stehen"). Von den verwendeten positiven Referenzen wird "Honig" viermal und "Liebe" dreimal erwähnt. Die Hakenlinie "Killer on the Loose" (auch der Titel) wird viermal pro Chor wiederholt. Der Chor wird zweimal wiederholt – einmal nach Vers 1 und wieder nach Vers 2; zweimal während der Verse 2 und 3; und 11 Mal während des Outro. Das gibt uns insgesamt 21 Mal.

In dem Song versucht Phil Lynot (der Sänger), dem Killer in den Sinn zu kommen; den Mörder als dritte Person darzustellen (z. B. "Er wird durch diese Stadt laufen", Vers 2, Zeile 6); oder die erste Person (z.B. 'Manche Leute nennen mich Jack/ Manche Leute nennen mich wahnsinnig', Vers 1, Zeilen 1-2). Er bezeichnet das Ziel/Opfer auch als dritte Person (z. B. "Ich suche jemanden/ und ich kenne nicht einmal ihren Namen", Vers 1, Zeilen 3-4); oder die zweite Person (z.B. 'Ich könnte nach dir suchen/ wo immer du bist', Zeilen 5-6). Daher könnte das Ziel jede Frau sein.

In den Zeilen 9-12 von Vers 1 klingt er, als würde er das Ziel warnen, dass es ihr passieren könnte und auf ihrer Wache zu sein: 'Jetzt könntest du denken, es ist lustig/ Oder vielleicht ein, Witz/ Aber du hast genug Grund, Honig zu beunruhigen/ 'Weil du keine Hoffnung hättest'. Entweder das oder er schüchtert und verspottet sie einfach?

Die gleichen Themen gibt es in Vers 2: Zeilen 5-7 von Vers 2 zeigen, wo und wann es wahrscheinlich passieren wird, und der Mörder als dritte Person ('Er wird durch diese Stadt laufen / Kurz um Mitternacht/ Ja, das ist Chinatown..); bevor er über sich selbst als erste und zweite Person in den Zeilen 9-10 singt ("Jetzt könntest du denken, ich bin durcheinander/ Oder er existiert nicht) und zurück zur ersten Person in den Zeilen 11-12 ("Aber Honig bekenne ich/ Ich bin ein verrückter sexueller Vergewaltiger").

Vers 3 ist kürzer, da es 8 Linien statt 12 gibt. In diesem Fall spricht er über sich selbst als die erste Person und das Ziel als die zweite, wie in den Zeilen 1-2: "Ich werde im Schatten der Liebe stehen/ Warten auf dich". Die Linien sind mehrdeutig: Entweder steht er in einer dunklen Ecke und wartet darauf, auf das Ziel zu springen, oder diese Liebe hat wirklich eine dunklere Seite. Die Zeilen 3-5 warnen das Ziel, was sie nicht tun soll, und erinnert sie dann daran, wer er ist: 'Entpackt nicht euren Reißverschluss/ 'Cause you know/ I'm Jack the Ripper'; während die Zeilen 6-8 das Ziel vor dem warnen, was passieren wird: 'Jetzt wackeln Sie nicht, nicht.../ Es gibt wieder einen Killer auf freiem Fuß/ Stehen im Schatten'.

Die Gesamtbedeutung des Liedes kann auf verschiedene Weise interpretiert werden. Die Verweise auf Tötung und Geschlecht deuten darauf hin, dass es in den Texten um Femnizid und Gewalt gegen Frauen geht. In einigen Teilen klingt er, als würde er sein Ziel verspotten oder bedrohen; in anderen klingt er, als wolle er sie nicht töten, sondern fühlt sich dazu gezwungen (wie viele Serienmörder auch). Vielleicht warnt er sie, auf der Hut zu sein (wenn sie nachts allein unterwegs ist) oder dass die Texte eine gewisse historische Bedeutung haben (wie sie Jack the Ripper darstellen)?

Marilyn Manson – 'Geht Your Gun'

Ein interessantes Lied: Der Titel legt nahe, dass es in dem Lied um Gewalt geht (d.h. "Get your gun"), aber die Texte beziehen sich auf die "sogenannten" moralischen Wächter in unserer Gesellschaft, wie die PMRC. Die Texte haben viele negative Bezüge – 12 über Gewalt, 7 Profanitäten, 10 allgemeine negative Bezüge und eine über den Tod. Alle acht positiven Bezüge sind religiös (in Bezug auf Gott und Moral).

Das Lied hat zwei Hakenlinien: Der Titel – "Get your Gun" und der Refrain – "Goddamm, deine rechtschaffene Hand". Die Zeile "Get your Gun" wird nur viermal zu Beginn des Chores 2 und viermal am Ende des Liedes erwähnt (insgesamt acht Mal). Die Worte Goddamm your righteous hand werden einmal im Intro und zu Beginn des Chores 1 (wo das Wort danach viermal erwähnt wird) erwähnt - insgesamt sechsmal. Auch im Refrain sind die Zeilen: 'Pseudo-Morals arbeiten wirklich gut/ in den Talkshows für die Schwachen/ Aber deine selektiven Urteile/ und Good guy badges/ Don't mean F**k to me'. Hier zeigt Herr Manson Talkshow-Moderatoren und Teleevangelisten, die den moralischen Höhepunkt einnehmen und ihr Publikum mit ihrem Drivel füttern (auf den sie hereinfallen).

In Vers 1, Zeilen 1-4, verwendet Herr Manson Schock-Wert, um seinen Standpunkt zu machen: "Ich esse unschuldiges Fleisch/ Die Hausfrau, die ich schlagen werde/ Das Pro-Life, das ich töten werde/ Was du nicht tun wirst, werde ich". Die Zeilen 5 ("Ich bash mich zum Schlafen") und 7-8 ('Ich vernarb dich selbst/ Ich wünschte, ich wäre nicht ich') scheinen Selbsthass zu reflektieren; während die Zeilen 6 ("Was du säst, ich erntest") und 10-11 ("Du rührst mich in Scheiße/ Ich hasse, also bin ich') so klingen, als ob Herr Manson unterstellt, er sei das Produkt der "Pseudomoral" aller anderen.

Vers 2 klingt sehr anti-PMRC, da Herr Manson (wie ein gestörter Teenager) "ein wenig fit" (Zeile 1) wirft und "seine Jugendlichen handgelenksschneidet" (Zeile 2). Die Zeilen 3-4 haben etwas über die Musik zu sagen, gegen die die 'moralischen Wächter' sind: 'The most I can learn/ Is in the records that you burn'. Mit anderen Worten, Teenager haben Wutanfälle und schneiden ihre Handgelenke aus einer Vielzahl von Gründen, außer der Musik, die sie hören (die Erwachsene versuchen, ihnen wegzunehmen). Was er zu sagen scheint, ist, dass Autoritätspersonen (wie Eltern oder Lehrer) nicht immer verstehen, was junge Menschen durchmachen, und nicht alle Teenager lernen oder profitieren von etablierten Einrichtungen wie der Schule oder der Familie. Die Musik, die sie hören, spricht über die Texte zu ihren Emotionen, wo sie Dinge lernen oder Ideen gewinnen können.

Vers 3 ist ebenfalls von Interesse – er spricht von der gegenwärtigen und zukünftigen Verantwortung für Erwachsene, die Teenager übernehmen sollen, aber ihr Minderheitenstatus beraubt sie der "Erwachsenenrechte". Die Zeilen 1 und 2 gehen so: "Ich bin die VHS/ Rekorde mich mit der Faust". Diese Worte deuten darauf hin, dass junge Menschen, die familiäre Funktionsstörungen (und Gewalt) erleben, selten unversehrt davon hervorkommen. In den Zeilen 3 und 4 heißt es: "Du willst, dass ich die Welt rette/ Ich bin nur ein kleines Mädchen". Obwohl sie sich als "klein" fühlen (wie ein kleines Mädchen), könnten viele Teenager die Führer von morgen sein und können nicht erwartet werden, dass sie positive Auswirkungen haben (d. h. "die Welt retten"), wenn sie selbst von den Verantwortlichen nicht positiv behandelt werden.

Daher zeigt das Lied extreme Rebellion und, aber auch Selbstbestimmung (Selbstachtung), soziale Verantwortung (die auch viele Erwachsene nicht praktizieren) und die Gefahren von Gewalt oder Missbrauch (sei es physisch oder emotional).

ERGEBNISSE FÜR STUDIE 3

Die meisten Songs im Subsample unterstützen Stuessys Theorie der primären und (in geringerem Maße) sekundären Wiederholung. Die Hakenlinie für 'Hoochie Mama' wurde 16 Mal wiederholt; 'Bananza' – 10 Mal; "Ich gegen die Welt" – 33 Mal; 'Die, Die, Die My Darling' 10 mal und 'Killer on the Loose' 21 mal. Marilyn Mansons "Get your Gun" unterstützte diese Hypothese weniger – die Zeile "Get Your Gun" wurde nur 8 Mal wiederholt und "Goddamm your Righteous Hand" 6 Mal. Die Rap-Songs hatten insgesamt 56 Hakenlinien, Heavy Metal 44 – und widerspricht damit der Behauptung, Heavy Metal sei das Genre mit den meisten Hakenlinien.

Die Ergebnisse unterstützten auch diejenigen in Studie 2: Zwei der drei Rap-Songs hatten sexuelle Bezüge und Begriffe der Liebe, während man Verweise auf soziale Verantwortung, wirtschaftliche Ungleichheit und Negativität hatte; zwei der drei Heavy-Metal-Songs bezogen sich auf Tod, Morbidität und Gewalt, basierten aber auch auf der Realität; der andere, während er gewalttätige und andere negative Bezüge benutzte, schrie gegen Gewalt in der Familie und war für Meinungs- und Gedankenfreiheit. Daher wurden folgende Hypothesen unterstützt: Es gab sowohl positive als auch negative Bezüge; sexuelle und negative Bezüge waren für Rap höher, während Gewalt und Tod für Metal höher waren; Selbstbestimmung und soziale Verantwortung waren für Rap höher, aber auch in Metal präsent; Religiöse und antigewalttätige Referenzen waren höher für Metal; Hakenlinien waren in allen Songs vorhanden, aber in höheren Zahlen für Rap (und entfielen auf eine große Anzahl bestimmter Arten von Referenzen).

Die Ergebnisse beider Erhebungen zeigen die Notwendigkeit, lyrische Inhalte in ihrem gesamten Kontext zu untersuchen, und nicht nur die Wörter isoliert, was Studie 3 (Detailed Lyric Analysis) erforderlich machte. Während Inhalte wie grobe Sprache bestimmt, wie die Zuhörer das Lied oder den Sänger wahrnehmen; oder auch, wie ganze

Musikgenres, die Wörter und Referenzen in den Songs, die für das Subsample in Study 3 verwendet werden, zeigen, wie sowohl antisoziale als auch prosoziale Inhalte im selben Song existieren können. Die Ergebnisse werfen mehrere Probleme auf: Wenn Lieder mit gewalttätigen oder sexuellen Inhalten nebeneinander existieren, wird dieser anstößige Inhalt weniger anstößig, wenn er mit Bedingungen der Liebe und anderen Komplimenten gepaart wird? Während Songs wie Akons "Belly Dancer" Frauen beglückwünschen, werden die Terms of Endearment in anderen wie The Misfits' "Die, Die, Die My Darling" und 2 Live Crew es "Hoochie Mama" durch die gewalttätigen und sexuellen Bezüge im Song durchaus negiert. Daher können Feministinnen durchaus auf die Anti-Rap- oder Anti-Metal-Bandwagons aufspringen.

Diese Ergebnisse scheinen Studien von Boeglin (2000) und St Lawrence and Joyner (1991) zu unterstützen, die Musikpräferenzen und Einstellungen gegenüber Frauen miteinander verknüpfen; und die wiederholte Verwendung dieser Begriffe unterstützen Stuessy (1985). Andere Widersprüche wären Selbstbestimmung neben rassistischen Verleumdungen (2 Live Crew wiederum ein Beispiel, ein weiteres Beispiel wäre 50 Cents 'To all My Niggaz') – die Beziehung zwischen den Arten von Referenzen würde Smithermans (1997) Analyse von Rap-Texten unterstützen; oder soziale Verantwortung neben Negativität und Rebellion (zwei Beispiele sind Marilyn Mansons "Get Your Gun" und 2 Pacs "Me Against the World"), die Ballard und Kollegen (1999) dabei unterstützen würden, lyrische Inhalte und Erwartungseffekte zu untersuchen.

Eine detaillierte lyrische Analyse wie diese über Geschlechtsunterschiede in Heavy Metal- und Rap-Texten kann notwendig sein, um zu sehen, welche Art von Themen oder Themen aus Texten von weiblichen Heavy Metal- oder Rap-Darstellern entstehen würden. Oft gibt es Anschuldigungen gegen beide Genres über sexistische Texte, so wäre es interessant zu wissen, wie eine weibliche Heavy Metal oder Rap-Sängerin Interpretation über Liebesbeziehungen unterscheidet sich von der eines männlichen Darstellers?

KAPITEL 10: DISKUSSION

Theoretisch ist die Etikettierungspolitik in Australien darauf ausgerichtet, das Recht der Erwachsenen, zuzuhören, was sie wollen, von Künstlern und Bands, die sich äußern, und von Einzelhändlern, Audiomaterial zu verkaufen, gegen die Notwendigkeit abzuwägen, dass einige Mitglieder der Öffentlichkeit wissen müssen, welche Aufnahmen anstößig oder für Minderjährige geeignet sind.

In der Praxis deuten die Verteilungsmuster der Levels of Warning-Aufkleber je nach Genre auf deutlich mehr davon für Heavy Metal und Rap hin als für Tanzmusik, wie in Studie 1 gezeigt. Es kann entweder bedeuten, dass sowohl Rap als auch Heavy Metal grobe Sprache und anstößige Inhalte enthalten, oder es kann bedeuten, dass Leute wie der PMRC und andere mächtige Gruppen diese Genres zum Schweigen bringen wollen. Während Warning Stickers die Höhe des anstößigen Inhalts in Audiomaterial angeben, geben sie nicht die genaue Menge des Inhalts (wie viele unhöfliche

Wörter pro Song, zum Beispiel) oder die Art der Inhalte, die Menschen aus welchem Grund (wie sexuelle Bezüge, rassistische Beleidigungen, Drogenbezüge, satanische oder übernatürliche Inhalte usw.) einwenden können. Vielleicht stützten sich die betroffenen Organisationen bei ihren Klassifikationen auf eine Schätzung. Ich weiß es nicht. Daher habe ich die detaillierten lyrischen Studien gemacht, um einen Einblick zu bekommen, warum diese Songs oder Alben den "Titel" von 'Strong Language' verdienen könnten.

In Bezug auf Studie 2 war eine Einschränkung, dass die Hypothesen auf den (aka meinen) Wahrnehmungen des Forschers basierten, die wiederum auf der öffentlichen Wahrnehmung der Songs, dem Vorhandensein von Warnaufklebern auf Audiomaterial oder antisozialen oder prosozialen Inhalten basierten. Eine andere war die Sample-Größe (von 49 Songs für jedes Genre) — eine größere Sample-Größe kann unterschiedliche Ergebnisse garantiert haben, wie eine längere Zeitleiste oder mehr Genres, um Rap oder Metal zu vergleichen.

Diese Dissertation basierte auch auf mehreren theoretischen Perspektiven, und es ist schwierig zu wissen, welche Perspektive am besten passt. Es scheint, dass ein Großteil der Literatur über Texte und Verhalten auf moralischer Panik beruht, was die Frage aufwirft, welche Faktoren dieser moralischen Panik zugrunde liegen. Zum Beispiel ist die meiste moralische Panik rund um Heavy Metal Satanische Panik. Oder dass die Wahrnehmung, dass Rap ein Musikgenre für Schwarze, Arme oder Urbane ist, bei Eltern Sorgen darüber wecken kann, dass ihre eigenen Kinder die Musik mögen. Allerdings hatten sowohl afroamerikanische als auch weiße Eltern die gleichen Bedenken hinsichtlich Rap, was darauf hindeutet, dass die Perspektive "Angst vor der Jugend" hier gelten könnte. Die Perspektive "Angst vor der Jugend" berücksichtigt jedoch nicht die Behandlung aller Heavy Metal-, Punk- oder sogar Rap-Fans, da viele dieser Fans inzwischen ihre Teenager hinter sich haben.

Schließlich zeigen Studien über die Stereotype von Heavy Metal- und Rap-Fans, wie die von Carrie Fried (2003) und Donna Deyhle (1998), und Fälle wie die West Memphis 3, wie diese Stereotype und vorgefassten Ideen die Rechte von Menschen beeinflussen können, die diese Genres mögen. Diese Studien könnten mit australischen Fans repliziert werden. Frieds Studie (2003) über die Stereotype von Heavy Metal- und Rap-Fans könnte nachgeahmt werden, was die Unterschiede zwischen australischen und ausländischen Fans in Bezug auf demografische Faktoren wie Rasse, Alter und sozioökonomischen Status hervorhebt.

Oder Deyhle's (1998) Studie über Navajo-Indianer könnte mit den subjektiven Erfahrungen australischer Fans repliziert werden, wobei Ähnlichkeiten und Unterschiede zwischen australischen und amerikanischen Fans oder Unterschiede zwischen Männern und Frauen oder Weißen und farbigen Menschen wie denen der Farbe aufzeigen könnten. Dies sind zwei Vorschläge, was getan werden kann, um einen Einblick in die Auswirkungen von Musikstereotypen und die konsequente Behandlung von Gruppen zu erhalten, die auf Musikpräferenzen im australischen Kontext basieren.

TEIL IV – DIE NACHWIRKUNGEN:

Nachbeben

KAPITEL ELF: ALLE LEKTIONEN: WAS KÖNNEN WIR DARAUS LERNEN?

Bis vor kurzem waren es vor allem religiöse, elterlich und andere konservative Gruppen, die Moral benutzt hatten, um die öffentliche Politik zu beeinflussen. Dies ist ein Beispiel dafür, wie es "The Establishment" gelungen ist, gegen Genres wie Heavy Metal und Rap (und ihre Anhänger) zu mobilisieren, entweder durch Geld oder andere Ressourcen und Macht. Umgekehrt waren die Metalheads, Punks, Rapper und dergleichen die "Gegenkultur", die "den Underdog" oder die "kämpfenden Massen" anfeuerten.

Neben der politischen und legalen Machtausübung üben diese dominanten Gruppen Macht durch wissenschaftliche und medizinische Forschung aus, insbesondere durch Psychologie und Psychiatrie. Wenn es nur wenige Heavy Metal (und ähnliche) Fans gibt, die zur wissenschaftlichen Gemeinschaft gehören, dann kann das ein Problem sein. Diese Stigmatisierung und Pathologisierung schwappt dann auf andere Bereiche der Autorität über: das Gesundheitssystem, das Bildungssystem und (insbesondere) die Polizei, die die Überwachung der Sprache und die "De-Platforming" von Musik umfasst, die den Menschen nicht gefällt oder deren Meinungen sie möglicherweise nicht mögen.

Die Debatte über Zensur beschränkt sich jedoch nicht unbedingt auf "Die religiöse Rechte" und andere konservative Gruppen. In den letzten Jahren habe ich einen Paradigmenwechsel nach links erlebt, was gemeinhin als "Kultureller Marxismus" bezeichnet wird. Dies kann eine gute Sache sein, wenn es bedeutet, dass mehr Gruppen, die ihre Identität auf bestimmte demografische und Lebensstilfaktoren gründen, mit Würde und Respekt behandelt werden, weniger leiden und ein breiteres Spektrum an Arbeits- und Bildungschancen genießen, wohlhabender sind und mehr Auswahlmöglichkeiten haben. Frauen müssen nicht heiraten und Kinder bekommen, wenn sie es nicht wollen. Familien müssen nicht zusammenbleiben, wenn es wenig Chancen gibt, dass sich die Dinge nicht verbessern. Und es gibt Regeln, Vorschriften und Richtlinien, um sicherzustellen, dass jeder ein "fair go" bekommt (naja, zumindest im formalen Sinne).

In diesem Fall sehen wir, wie neue Demografien

zu einer Musikszene werden, die oft mit einem Haufen neuer Perspektiven in ihren lyrischen Inhalt einfließen. Die eher traditionell maskulinen Heavy Metal, Punk und Rap haben mehr Frauen angezogen, und Heavy Metal im Besonderen, hat Menschen der Farbe angezogen. Denn je mehr die Merrier?

Junge Menschen werden immer besser ausgebildeter, technisch versierter und wohlhabender. Die Möglichkeit, mehr Musik auf den eigenen Computer oder sein Mobiltelefon herunterzuladen, bedeutet, dass mehr Menschen die Möglichkeit haben, Dinge zu hören, die vor dem digitalen Zeitalter nicht verfügbar waren. Und das ermöglicht immer mehr Zugriff für alle, auch bis zu dem Punkt, an dem Sie Ihr Zuhause vielleicht nie verlassen müssen.

Leider kann diese egalitäre Perspektive, kombiniert mit den Verbesserungen der modernen Technologie und des Lebensstandards, ihre eigenen Fallstricke haben. Eine dieser Tücken kann die "politische Korrektheit" sein, vor allem, wenn sie zu weit geht. Für sich genommen klingt politische Korrektheit sehr "utopisch" und progressiv: "nicety-nice", "alle Regenbogen und Einhörner", "Lasst uns unsere Gefühle ausdrücken", sichere Räume, "lasst uns alle Hand anlegen und Kumbaya singen" und inklusive sein.

Der Vorbehalt ist jedoch, dass neue (und oft

säkulare) Gruppen zu den neuen "Gedankenpolizeien", Sprachpolizisten, "Puritanern" und "Zensoren" werden, und wir sehen diese Menschen am "linken" Ende des politischen Spektrums: Politiker, Medien, Interessengruppen, akademisches Personal an Universitäten, Frauengruppen (und andere spezielle Interessen) werden zu den Hauptbeschwerdegegnern.

Dieser neue Puritanismus hat einen Anstoßeffekt, da Professoren an Universitäts- und Gymnasiallehrern Gymnasiasten und Universitätsstudenten lehren, dass es mehr als nur zwei Geschlechter gibt, dass Vielfalt und Multikulturalismus "gut" sind und dass wir alle "unser Privileg überprüfen" müssen. Keine Kultur ist besser als die andere und der Islam ist die "Religion des Friedens".

Aber es gibt nicht so etwas wie den Weihnachtsmann oder gar Gott (und sie haben die Galle zu sagen, Metalheads sind 'Satanisten').

Oft betrachten diese "neuen Puritaner" Heavy Metal (und ähnliche Genres) heutzutage als sexistisch, rassistisch oder homophob: Es reicht nicht aus, jetzt verspottet zu werden, weil sie 'Satan-Anbeter', Drogen, weniger intelligent oder ein elendes 'Emo' sind. Dies kann eines von zwei Dingen bedeuten.

Ich gehe immer noch davon aus, dass Heavy Metal die "letzte Bastion der freien Meinungsäußerung" ist, aber es kann durchaus eine Frage der Zeit sein, bis man sich dem Mainstream anschließt und "entmachtet" wird, oder sie können es auch von der Gedanken-/Sprachpolizei "cop ist".

So oder so, es hilft nicht jenen Menschen, die im wirklichen Leben Opfer von Gewalt geworden sind: Sophie Lancaster, die zu Tode geprügelt wurde, nur weil sie ein "Mosher" ist, ist immer noch sechs Meter unter.

Und das ist "nicht sehr Punkrock", wie Paul Joseph Watson (2017a) sagen würde.

SIND HEAVY METAL UND RAP EIGENTLICH "RECHTER FLÜGEL"?

Man kann auch argumentieren, dass ein weiterer Paradigmenwechsel stattgefunden hat, einer, der der "Mainstream" (oder sogar "alternativen"

Linken zuwiderläuft, unter einigen Subkulturen nach Rechts in der alternativen Musik. Man könnte den Konservatismus fast als die "neue Gegenkultur" bezeichnen (ein weiteres Zitat von Paul Joseph Watson, 2017a).

Laut Watson (ebd.) hatte die politische Rechte zuvor die Zügel der Macht, während die Linke da war, um ein Gegengewicht zur damaligen Haupterzählung zu schaffen. Und wahrscheinlich seit den Babyboomern (und meiner Generation, Gen X) war die Linke wahrscheinlich die wichtigste Alternative zu der damals vorherrschenden politischen Orthodoxie.

In einem anderen YouTube-Video, das 20einhalb Minuten lang ist, führt Watson (2017d) eine Diskussion mit Tarl Warwick (kanadischer YouTuber, der den Namen Styxhexenhammer666 trägt), über freie Meinungsäußerung: Bei etwa 7 Minuten und 11 Sekunden nach dem Video taucht das Thema Heavy Metal auf. Ich hatte auch darüber gebloggt und es auf meinen Blogs "Rise Above the Rot" (Sedgwick, 2018b) und 'End Metallophobia' (Sedgwick, 2018a) geteilt.

Mit anderen Worten, die Punkrock-Bewegung zog damals den "Zorn" der alten Puritaner an (die "Konservative Rechte").); Während jetzt die neuen Puritaner (die 'Progressive Linke') jetzt alles predigen und "brauen", was angeblich recht ist, ob es Heavy Metal oder jede andere Musik, Film,

Komödie oder was auch immer ist.

Wie viele Heavy Metal Bands und Fans sind traditionell gerade, weiß und männlich; und Musiker, die in der Vergangenheit sozial "liberaler" (oder libertärer) waren, werden möglicherweise älter. Ich habe oft gesehen, wie Ted Nugent alex Jones (auf Infowars) zu Alex Jones beischloss, um traditionellere Werte wie die Bedeutung der Familie, eine Arbeitsmoral, Patriotismus und die US-Verfassung zum Ausdruck zu bringen und anzunehmen.

Dasselbe kann man über Rap sagen. In einem Video des Angry Foreigner (2018), in dem Kanye West sich für Trump und die Republikaner ausspricht, sagt er, dass die meisten Leute von Rap als "für den Underdog" sprechen würden; aber in Wirklichkeit sagt er, dass es wahrscheinlich das "kapitalistischste Ding ist, das es gibt", weil die Rapper über Geld singen, Frauen auspeitschen und Materialismus, während sie Kanye West vorwerfen, "zu weiß zu sein". Hier ist, was er in der Beschreibung (seines Videos) zu sagen hatte:

> Kanye West unterstützte Trump und machte republikanisch-freundliche Tweets, die dazu führten, dass die Hip-Hop-Community verrückt wurde. Snoop Doggs Cousin rief zu einem "Crip-Alarm" auf, der Bandenmitglieder aufforderte, Kanye zu verletzen, und Snoop selbst sagte, Kanye werde "weiß".

> Die Ironie dabei ist, dass Rapper in der Regel

harte Drogen, Gewalt, Ehebruch und Gier fördern. Wie werden Sie sich über Rassismus beschweren, wenn Rapper damit prahlen, schwarze Menschen zu erschießen?

Das Stigma bei rechten Rappern ist absurd. Rap-Musik ist durchdrungen von der Idee, dass materieller Besitz wünschenswert ist, weil sie Ihren sozialen Status erhöhen. Hip-Hop-Kultur ist hypermaterialistisch und Rapper haben die gleiche Mentalität wie die Wall-Street-Banker, die die Finanzkrise verursacht haben.

Mit anderen Worten, wenn Karl Marx noch am Leben wäre, würde er Rap-Musik genießen? Laut dem wütenden Ausländer würde er es hassen:

Ich bin mir sicher, dass Karl Marx Rap gehasst hätte. Es gibt kein Robin-Hauben-Thema im Rap. Es geht nicht darum, die Reichen auszurauben und den Armen zu geben, es geht darum, JEDEN – vor allem die Armen – auszurauben und sich selbst schöne Felgen zu kaufen.

Sowohl Marx als auch Engels prägten den Satz rag proletariat und bezogen sich auf die Arbeiterklasse ohne Klassenbewußtsein, wie Kriminelle. Unterschicht, die die Arbeiterklasse ausbeutet. Und ich zitiere:

" Das Lumpenproletariat wurde leicht von reaktionären Kräften bestochen und konnte verwendet werden, um das wahre Proletariat in seinen Bemühungen zu bekämpfen, das Ende der bürgerlichen Gesellschaft herbeizuführen. Ohne ein klares Klassenbewußtsein könnte das Lumpenproletariat keine positive Rolle in der Gesellschaft spielen. Stattdessen nutzte sie die Gesellschaft für ihre eigenen Zwecke aus und wurde wiederum als Werkzeug der Zerstörung und Reaktion ausgenutzt."

So würde es völlig gegen die Ideen von Karl Marx gehen, weil die Gangster (ob es sich um echte Gangster wie die italienische Mafia oder "Gangstas" wie Snoop Dogg handelte) wahrscheinlich andere arme Menschen genauso schlecht (wenn nicht schlechter) ausbeuten würden als irgendein reicher Großunternehmer, Politiker oder Banker; und selbst wenn dieser Rapper eine Person der Farbe wäre, würde er sein Verhalten nicht entschuldigen. Deshalb spielen viele Rap-Fans gerne das Opfer, nehmen oft linke Ideologien auf und stimmen für linke politische Parteien – denn Opferschaft kann sehr profitabel sein, vor allem, wenn man eine "Person der Farbe" ist.

Es ist leicht, solche Verschiebungen entweder der extremen Linken oder der extremen Rechten den jüngsten Phänomenen der "Krieger der sozialen Gerechtigkeit" oder alternativ der "Alt-Rechten" zuzuschreiben. Aber was auch immer die Gründe sind, wir alle wissen, dass die Heavy Metal und ähnlich bösartige Musikszenen nicht nur verschiedene Rassen, sozioökonomische Hintergründe, geografische Standorte, Geschlechter (oder Geschlechtsidentitäten), Fähigkeiten, Bildungsniveaus und andere Identitätsgruppen umfassen, sondern auch eine Vielzahl von religiösen und politischen Überzeugungen, Bildungshintergründen und sexuellen Orientierungen haben. Dies bedeutet, dass, selbst wenn sie alle weiße, gerade Männchen (oder schwarze, gerade Männer, wenn Sie Rap mögen), würden sie sehr unterschiedlich in ihren Meinungen sein. Daher können wir nicht schlussfolgern, dass sie alle in die eine oder andere Richtung tendieren, und es wäre töricht, dies zu tun.

KAPITEL ZWÖLF: EIN NACHDENKEN - WIE KANN MAN SEINEN LIEBEN HELFEN, WENN SIE EINE ANDERE ART VON MUSIK ODER UNTERHALTUNG MÖGEN (AUCH WENN ES NICHT METALL IST)?

Ich habe diese Art von Ratschlägen für Menschen

aufgenommen, die vielleicht Schwierigkeiten haben zu verstehen, warum ihr Kind oder ein geliebter Mensch eine bestimmte Form der Unterhaltung mag, die sich von ihrem eigenen Geschmack und ihren eigenen Gefühlen unterscheidet. Oft können unterschiedliche Geschmäcker (besonders wenn es darum geht, wie sich der Geschmack je nach der Generation unterscheidet, in der sie geboren wurden) eine Belastung für die Familie und die Beziehungen darstellen. Dies gilt umso mehr, wenn die Menschen unter einem Dach leben und nicht alle die gleichen Interessen teilen.

BERATUNG VON HEAVY METAL UND ROCK PERFORMERS AND FANS

Twisted Sister Es Dee Snyder

Er sagte vor dem Kongress und dem PMRC, dass Die Eltern für das verantwortlich sein sollten, was ihre Kinder hörten oder zusahen. Ein Senator behauptete, dass die Eltern nicht die Zeit hätten, also antwortete er, dass Kinder (im Durchschnitt) ein Album pro Woche kauften und das Gefühl hatten, dass es nicht viel zu verlangen war, dass eltern sich hinsetzte und dieses Album mit ihren Kindern hörte (Konow, 2002; Christe, 2004)

Dave Lombardo Von Slayer

Er sagte dem Magazin "Metal Maniacs", dass Eltern sich die Zeit nehmen müssen, um zu sehen, woher ihre Kinder kommen, besonders wenn sie sich rebellisch verhalten (Krgin, 1991).

Frank Zappa

Er glaubte, dass Rocktexte außerhalb des Covers gedruckt werden sollten, so dass man die "Angemessenheit" der Texte selbst beurteilen konnte (Christe, 2002).

Julie Martin (Ein Weiblicher Heavy-Metal-Fan)

Sie sagte, dass es eine "Frage der Diskretion" seitens des Hörers in Bezug auf sexistische Texte war, wie die von Cannibal Corpse, und "Ich würde lieber eine Band hören, die über etwas anderes singt, alte Krieger oder Göttinnen oder so" (Hall, 1997).

ANDERE FORMEN DER ENTERTAINMENT

Dazu gehören Diskussionen über Medien und Unterhaltung sowie über Musik: Laut Sternheimer

(2003) können diese auch dazu beitragen, jüngere Kinder zu stärken, so dass sie, wenn sie unabhängiger werden, darauf vorbereitet (und möglicherweise befähigt) werden, mit widrigen Widrigkeiten umzugehen, die sie erleben können; und mit dem notwendigen Wissen ausgestattet sein, um Entscheidungen über ihre eigene Zukunft treffen zu können.

Sternheimer glaubt, dass Filme (wie die von Walt Disney, zum Beispiel) verwendet werden könnten, um Fragen des Geschlechts, der Rasse oder des Kolonialismus zu diskutieren; oder manchmal haben die Illustrationen in animierten Disney-Filmen manchmal sexualisierte Bilder.

Alternativ könnten Karikaturen wie "Die Simpsons" oder "Beavis und Butthead" uns daran erinnern, dass die Kindheit nicht so "sanitisiert" ist, wie wir sie wollen. Diskussionen über diese (mehr Mainstream) Formen der Unterhaltung können uns helfen, (weniger Mainstream) Formen der Musik zu verstehen (einschließlich Heavy Metal, Punk, Rap oder ähnliches).

Ein weiteres bemerkenswertes Beispiel für Unterhaltung, die junge Menschen genießen, sind Videospiele – führen sie zu Gewalt (oder führen sie dazu, dass Ihre Kinder oder Angehörigen online "ausgebeutet" werden)?

Ein weiteres Beispiel ist auf The Point TV von Gerald Pauschmann (2018), dieses Beispiel ist ein junger Mann (Online-Name - Mr Dead Moth, mit bürgerlichem Namen Luke Munday), der Fortnight (ein sehr beliebtes Online-Videospiel) spielte und seine Frau rief ihn an den Tisch und essen Abendessen. Der junge Mann (Lukas) wollte sein Spiel beenden und die schwangere Frau (Grace) wurde wütend auf ihn, dass er nicht sofort herauskam. Er wurde wütend zurück und der Kampf wurde körperlich und es endete nicht gut für beide Parteien (Pauschmann, 2018) – wer war also schuld? Luke, der eine schwangere Frau beim Live-Streaming eines Videos anpöbelte, oder Grace, die Gegenstände auf ihn warf, bis er schnappte? Oder war es die Schuld des Video-spiels?

VON ELTERN VON MUSIKFANS

Seien Sie ein guter Fürsprecher für Ihre Kinder und versuchen Sie, sie zu unterstützen, wann und wo immer Sie können. Sophie Lancasters Mutter Syl-via plädierte dafür, Gesetze so zu ändern, dass sie "Alterophobie" als eine Form von Vorurteilen ein-schließen und Gewalt gegen Menschen einer Sub-kultur als Hassverbrechen einzustufen (Travers, 2017). Darüber hinaus hat sie auch eine Stiftung für ihre verstorbene Tochter (Sophie Lancaster Foundation, 2017b) gegründet, die 2009 zu einer eingetragenen Wohltätigkeitsorganisation wurde (Registered Charity Number 1129689)

Die Ziele der Wohltätigkeitsorganisation waren (Sophie Lancaster Foundation, 2017a):

- Um Sophie ein Vermächtnis zu hinterlassen.
- Bereitstellung von pädagogischen Gruppenarbeiten, die vorurteile und intoleranz gegenüber Menschen aus alternativen Subkulturen herausfordern.
- Kampagne für die Ausweitung der britischen Hasskriminalitätsgesetze auf Menschen aus alternativen Subkulturen oder Lifestyle and Dress.

Sylvias Arbeit hatte sich gelohnt: Ihre Kampagne zur Ausweitung der britischen Hasskriminalitätsgesetze (auf Menschen wie ihre Tochter) wurde 2013 verwirklicht, als die Greater Manchester Police als erste Hassverbrechen und Vorfälle gegen Menschen aus alternativen Subkulturen überwachte und aufzeichnete. Mehrere andere Polizeibehörden im Vereinigten Königreich folgten diesem Beispiel. Und 2014 gewann sie einen OBE für "Community Cohesion - Especially in Reduction of Hate Crime" (das ihr von Prinz Charles (op cite) übergeben wurde.   Es gibt viele andere Dinge, für die sie geehrt worden war, und mehr Eltern wie sie (deren Kinder an den Folgen von Mobbing gestorben waren) sollten sich zu ihren Gunsten und (vor allem) für ihr Vermächtnis einsetzen.

Hoffentlich treffen nicht alle Metal-Fans (oder irgendjemand sonst aus einer bestimmten Subkultur) notwendigerweise das gleiche Schicksal wie Frau Lancaster, aber unabhängig davon, welche Interessen Ihre Nachkommen mit Ihnen teilen (oder nicht teilen), denken Sie daran, dass sie eines Tages alt sein werden und Sie mit dem gleichen Respekt behandelt werden möchten, den Sie von ihnen erwarten würden. Schließlich könnten sie sich in den kommenden Jahren für Ihr Pflegeheim entscheiden.

Und du lehrst auch andere, wie man dich behandelt - es ist wichtig, deine Kinder nicht zu missbrauchen oder zu vernachlässigen, aber auf der anderen Seite, lass dich auch nicht missbrauchen. Denken Sie daran, dass Sie zuerst Eltern sind und bis sie älter werden und anfangen, mehr Verantwortung zu übernehmen, ist es wichtig, Regeln und Grenzen festzulegen – lassen Sie sie wissen, was in Ihrem Haushalt akzeptabel ist und was nicht akzeptabel ist. Lassen Sie sich nicht wie die Teenager und Kinder sein, die auf Dr. Phil erscheinen – sie sollten mehr 'Angst' vor Ihnen sein als das, was Sie von ihnen sind.

Dann, wenn sie alt genug sind, um Erwachsenenverantwortung zu übernehmen (wie die Rechnungen zu bezahlen oder mehr Hausaufgaben zu machen, dann sind sie alt genug, um mehr Rechte zu genießen (wie ausgehen, mehr Geld verdienen und Dating, wer Sie the mögen).

BERATUNG FÜR AKADEMIKER, POLITISCHE ENTSCHEIDUNGSTRÄGER, UNTERNEHMEN UND REGIERUNGSBEAMTE

Die Jugend Von Heute, Die Wähler Von Morgen, Verbraucher Und Führungspersönlichkeiten?

Laut einem Bericht der britischen Wohltätigkeitsorganisation "Ditch the Label" aus dem Jahr 2018 (auf Seite 14) glauben die jugendlichen Menschen, gemobbt zu werden:

- Einstellung zur körperlichen Erscheinung – 57%
- Einstellungen zu den eigenen Hobbys oder Interessen – 40%
- Einstellungen zu der Kleidung, die man trägt – 24%
- Wenn Leute denken, dass man schwul oder lesbisch ist, obwohl sie es nicht sind – 20%
- Einstellungen zu den Manierismen – 19%

Diese Ergebnisse sind sehr aufschlussreich - sie

sind die häufigsten Gründe, warum man gemobbt wird, in der Tat häufiger als: Einstellungen zur eigenen Geschlechtsidentität (6%) war der am wenigsten häufige Grund, der für mobbing genannt wurde; Einstellungen zur eigenen Religion (7%) kam als zweitniedrigster Grund; während die Einstellung zur eigenen Kultur, zur eigenen Rasse, zur eigenen Sexualität und zu einem hohen Haushaltseinkommen bei 9 % lag.

Die Einstellung zu den fünf wichtigsten Faktoren (Aussehen, Interessen, Kleidungssinn, "schwul" oder Manierismen) überholte auch die folgenden Merkmale von Gezielten: hohe Schulnoten (18 %), niedrige Schulnoten (14 %), eine Behinderung, die man haben kann (11%), und aus einer Familie mit niedrigem Haushaltseinkommen (10%).

Und auf Seite 25 werden in dem Bericht die fünf wichtigsten Gründe genannt, warum junge Menschen andere schikanieren könnten: Sie haben es verdient (56%); Ich mag sie nicht (55%); Es ist lustig (34%); Es hilft mir, mit Stress/Ärger umzugehen (32%); Ich bin nicht glücklich (24%); Um meine Freunde zum Lachen zu bringen (24%); Weil ich gemobbt werde (21%); Sie sind ein leichtes Ziel (21%); Um sie zu erschrecken (20%); Um zu verhindern, dass andere mich schikanieren (20%); Es gab mir ein gutes Gefühl über mich selbst (14%); Ich will, was sie haben (12%); und von anderen bemerkt zu werden (11%).

Für die Befragten, die sagten, dass sie die Personen, die sie ins Visier genommen haben, nicht als Hauptgrund mögen, waren ihre Gründe wie folgt: 66 % sagten, sie seien ärgerlich, 56 % sagten: "Sie stören mich"; 38 % sagten: "Sie sind seltsam", 34 % sagten: "Sie sind hässlich"; 27 % sagten: "Sie haben mich aufgegriffen, als ich jünger war"; 26 % sagten: "Ich mag niemanden in ihrer Gruppe" und 14 % sagten: "Sie haben etwas, was ich will".

Und die Gründe, warum die Befragten jemanden als "leichtes Ziel" 66% sagten 'niemand mochte sie', 62% sagten, sie seien 'schüchtern' oder nervös, 62% meinten, es sei wegen ihres Aussehens, 59% sagten 'sie hatten keine Freunde', 55% sagten, sie seien 'zu klein', 48% sagten, dass sie eine "Minderheit" in der Schule oder am College seien, 48% sagten 'sie reagieren nicht' und (interessanterweise) 28% sagten 'sie sind beliebt'.

Diese Ergebnisse sagen nicht genau, was es über das körperliche Aussehen anderer vielleicht nicht mag, welche Hobbys und Interessen sie haben, die andere vielleicht nicht teilen, oder welche Kleidung man trägt, von der man nicht beeindruckt ist, aber es gibt einen Einblick in die Gruppendynamik, besonders während der Mittleren und Oberschule, und vor allem um einige der Interessen, die Clique-Mitglieder miteinander teilen. Es kann auch einen Einblick geben, was es um jemanden außerhalb seiner Gruppe handelt, der "weird" oder "hässlich" ist oder welche Verhaltensweisen die zielgerichteten Personen an den Tag legen könnten, die einige "negative" Reaktionen von jemand anderem hervorrufen könnten.

Mit anderen Worten, welche "out-group"-Eigenschaften teilen die gezielten und/oder sozial isolierten Menschen. Oder umgekehrt, wenn jemand, der gemobbt wird, zufällig populär ist oder etwas hat, was der Mobber will, könnte es Eifersucht sein? Dies führt mich also zu einem anderen Abschnitt in diesem Kapitel – Beratung sowohl für die Gruppen als auch für diejenigen, die weniger gezielt sind?

Was Können Die "Populäreren" Oder-Mainstream-Gruppen Und Die Alternativen Subkulturen Voneinander Lernen?

Was könnten zum Beispiel verschiedene Gruppen von Teenagern voneinander lernen – ob es nun die Metallköpfe von den Nichtmetallern sind, Schwule von geraden, Goths von Nicht-Goths und umgekehrt? Was kann man tun, um etwas weniger komisch oder "hässlich" zu sein oder weniger negative Reaktionen von anderen zu entlocken? Zum Beispiel nichts, was andere Leute vielleicht ärgern – wie die eigenen persönlichen Gewohnheiten so zu ändern, dass man andere Leute nicht aus dem Weg räumen kann (Beispiele sind, sich sauber zu halten und sagen, Körpergeruch oder Halitose loszuwerden). Wenn man Akne haben oder übergewichtig sein könnte, etwas dagegen zu tun, könnte ein Anfang sein. Oder man könnte an seiner Schüchternheit oder Durchsetzungskraft arbeiten,

Allerdings geht es nicht um "Opfer-Blaming", sondern eher darum, die Wahrscheinlichkeit zu verringern, gemobbt oder angegriffen zu werden, was dem Mobber weniger Ausreden gibt, um ihre Ziele zu "picken".

Oder, wenn sie populär sind, stellen Sie sicher, dass sie den Respekt anderer Leute verdienen und reiben Sie es nicht mit den weniger populären Kollegen (ich weiß, wenn ich nicht populär oder erfolgreich bin, verachtete ich es, wenn jemand sich damit brüstete, wie viele Freunde sie haben, oder wenn jemand weiterging und darüber, wie ich mich selbst ändern musste, ohne mir tatsächlich irgendwelche Hinweise zu geben, wie ich damit umgehe).

Wie auch immer, ich könnte weitermachen, aber ich könnte es einfach dort lassen; und ich hoffe, dass jeder dieses Buch so genossen hat, wie ich es genossen habe, es zu schreiben.

Prost

Colleen

ANLAGEN

ANHANG 1 – EINFACHE METALLERHEBUNG

Von Colleen Sedgwick, BA Höners, Soziologie 401 H, Studenten XXXXXXX

An alle Mitglieder von The Power and the Glory (und alle anderen Yahoo-Gruppen, in der ich sein kann),

Für alle, die es nicht wissen, mache ich meine Ehrungen für Soziologie und ich sammle Informationen zu dem Thema, das ich für das nächste Jahr meine Arbeit machen will.

Grundsätzlich geht es in der These darum, dass Heavy-Music-Fans eher stigmatisiert, diskriminiert, belästigt usw. werden als solche, die nicht zu schwerer Musik werden. Ich werde den Schwerpunkt auf Heavy Metal (vor allem auf die "extremeren" Sorten wie Death, Black oder Thrash Metal) und auf Australier legen. Aber wenn es Leute aus Übersee gibt, die mitmachen wollen, oder vielleicht etwas Schweres mögen, das ist nicht Metall (wie Punk), werde ich sie nicht ausschließen (ich werde sie meistens als Vergleich verwenden).

Die wichtigsten Dinge, die ich wissen möchte, sind:

- Was ist passiert? (Geben Sie so viele

Vorfälle an, wie Sie möchten).

- Wie oft passieren diese Vorfälle (insbesondere angeben, ob sie wahrscheinlicher sind, wenn Sie "Metall"-Kleidung tragen)?
- Warum passiert es Ihrer Meinung nach?
- Wer hat Ihnen während des Vorfalls den Flack gegeben?
- Wer gibt es Ihnen am ehesten (wenn Sie "Metall"-Kleidung tragen, z.B. Familie, Nachbarn, Ordensleute, Homeboys?
- Wie haben sie sich auf dich ausgewirkt (oder nicht)?
- Wenn sie Sie betroffen, warum (oder warum nicht)?

Eine andere Sache, die ich auch möchte, wenn jemand irgendwelche Nicht-Metaller kennt, besonders wenn sie Metal hassen (kann ein Familienmitglied, Nachbar, Arbeitskollege sein – vorausgesetzt, sie sind okay darüber), fragen Sie sie, was es ist, dass sie nicht über die Musik mögen.

Wenn Sie können, verbreiten Sie das Wort herum. Wenn jemand diese Fragen beantworten möchte, kann er die Fragen kopieren und in eine leere E-Mail einfügen, sowohl ihren Namen als auch die Worte "Metallumfrage" in die Betreffzeile schreiben und an **metalchic2@bigpond.com.au**senden. Wenn jemand einen "News"-Bereich auf seiner Website Yahoo-Gruppe hat, könnte er daran interessiert sein, ihn zu veröffentlichen.

Wie auch immer, ich hoffe, bald von Ihnen zu hören.

Prost

Colleen

ANHANG 2 – SUBKULTURELLE ERFAHRUNGSERHEBUNG

Von Colleen Sedgwick, BA Hons, Soziologie

An Menschen da draußen, die glauben, dass sie wegen ihres Aussehens ungerecht beurteilt werden,

Ich habe erst vor kurzem meine Arbeit über Lyrische Inhalte und Erwartungseffekte von Heavy Metal- und Rap-Fans abgeschlossen, die auch eine detaillierte Analyse von Arten von lyrischen Inhalten, wie Themen und Referenzen beinhaltet.

Ich hoffe, diese Forschung fortzusetzen, indem ich frage, wie die Menschen nach ihren persönlichen Erscheinungen und der Art der Musik beurteilt werden, die sie mögen. Beispiele für Musikgenres, die häufig beurteilt (oder falsch eingeschätzt) werden, sind Heavy Metal, Rap, Punk/Hardcore, Grunge, Indie, Techno und Reggae/ska/dub. Wenn Sie diese Art von Musik mögen und das Gefühl haben, falsch eingeschätzt zu werden, zögern Sie bitte nicht, diese Fragen zu beantworten. Oder alternativ, wenn Sie diese nicht mögen, oder Sie mögen etwas anderes, zögern Sie bitte nicht, die Umfrage zu beantworten sowieso.

Die wichtigsten Dinge, die ich wissen möchte, sind:

- Was ist passiert? (Geben Sie so viele Vorfälle an, wie Sie möchten).
- Wie oft passieren diese Vorfälle (insbesondere angeben, ob sie wahrscheinlicher sind, wenn Sie bestimmte Arten von Kleidung tragen)?
- Warum passiert es Ihrer Meinung nach?
- Wer hat Ihnen während des Vorfalls den Flack gegeben?
- Wer gibt Ihnen am ehesten eine harte Zeit über das, was Sie tragen oder hören?
- Haben Sie von den Vorfällen betroffen? Warum (oder warum nicht)?

Eine andere Sache, die ich auch möchte, wenn jemand irgendwelche Nicht-Metaller kennt, besonders wenn sie Metal hassen (kann ein Familienmitglied, Nachbar, Arbeitskollege sein – vorausgesetzt, sie sind okay darüber), fragen Sie sie, was es ist, dass sie nicht über die Musik mögen.

Wenn Sie können, verbreiten Sie das Wort herum. Wenn jemand diese Fragen beantworten möchte, kann er die Fragen kopieren und in eine leere E-Mail einfügen, sowohl ihren Namen als auch die Worte "Metallumfrage" oder "Musikumfrage" in die Betreffzeile schreiben und an **csedgwick67@outlook.com.au** senden. Wenn jemand einen "News"-Bereich auf seiner Website oder im Diskussionsforum hat, könnte er daran interessiert sein, ihn zu veröffentlichen.

Wie auch immer, ich hoffe, bald von Ihnen zu hören.

Prost

Colleen

ANHANG 3 - TRACK LISTING FÜR RAP SONGS

...Einrtist	...Titel
2 Live Crew	2 Live Party
2 Live Crew	Wenn wir sie Hacken bekommen
50 Cent	Nur ein bisschen
50 Cent	Wanksta
Afrika Bambaata	Zulu Nation Throw down
Akon	Gesperrt
Schwarzäugige Erbsen	Meine Humps
2 Live Crew	Hoochie Mama
2 Live Crew	Pop, dass Pussy
2 Pac	Ich gegen die Welt
50 Cent	21 Fragen
50 Cent	Zuhälter
50 Cent	An alle meine Niggaz
Afrika Bambaata	Jazzy Sensation

Afrika Bambaata	Planet Rock
Akon	Bauchtänzerin
Akon	Ghetto
Akon	Einsam
Schwarzäugige Erbsen	Hey, Mama,
Schwarzäugige Erbsen	Halt den Mund
Coolio	Gangstas Paradies
D12	Wie kommt das
D12	Meine Band
Eminem	Business
Eminem	Reinigung meines Schrankes
Eminem	Just Lose it
Eminem	Mockingbird
Eminem	Stan
Eminem	White America
Grandmaster Flash	Holen Sie sich Ihre
Grandmaster Flash	Jemand
Grandmaster Flash	Achselhöhlen
Khia	Eifersüchtig

Khia	Mein Hals, mein Rücken
Khia	erinnern Sie sich an mich
Khia	You My Girl
Missy Elliot	Ich bin wirklich heiß
Missy Elliot	She es a Bitch
Missy Elliot	Work It
Nelly	N'Dey Say
Pharrell Williams	Kann ich es so haben?
Public Enemy	Bring the Noise
Public Enemy	Kampf gegen die Mächte
Wut gegen die Maschine	Töten im Namen von
Salt'N'Pepa	Lassen Sie uns über Sex sprechen
Salt'N'Pepa	Push It
Snoop Dog	Drop It Like It es Hot
Snoop Dog	Zeichen
Wu Tang Clan	Wu Tang Ain't Nothing Tha F Wit

Quelle: **www.ohhla.com** – Original Hip Hop Lyrics Archive

192

ANHANG 4 – TRACK LISTING FÜR METAL SONGS

...EinRtist	...Titel
AC-DC	Highway to Hell
AC-DC	Night Prowler
Danzig	Die My Darling
Glaube nicht mehr	König für einen Tag
Guns'n'Roses	Zurück aus Hündin
Guns'n'Roses	Eins zu einer Million
Loch	Celebrity Skin
Iron Maiden	22 Acacia Avenue
Iron Maiden	Charlotte der Harlot
Iron Maiden	Nummer des Tieres
Judas Priest	Jenseits der Reiche des Todes
Led Zeppelin	Treppe zum Himmel
Manowar	Kings of Metal
Marilyn Manson	Dope Show
Marilyn Manson	Holen Sie sich Ihre Waffe

Marilyn Manson	Ich mag die Drogen nicht
Marilyn Manson	Lunchbox
Marilyn Manson	Mob-Szene
Marilyn Manson	The Beautiful People
Marilyn Manson	Das ist die neue Scheiße
Marilyn Manson	Tourniquet
Metallica	Fade to Black
Metallica	Kraftstoff
Metallica	The Unforgiven
Metallica	The Unforgiven II
Metallica	Drehen Sie die Seite
Motley Crue	Dr. Feelgood
Ozzy Osborne	Suicide Solution
Pearl Jam	Jeremy
Prodigy	Ihr Gesetz
S.O. D	Fick den Nahen Osten
S.O. D	Prämenstruelle Prinzessin Blues
S.O. D	Speak English or Die
Sex Pistols	Körper

Slayer	213'
The Darkness	Holen Sie sich Ihre Hände von meiner Frau
Thin Lizzy	Chinatown
Thin Lizzy	Killer auf freiem Fuß
Werkzeug	Gefängnis Sex
Werkzeug	Sog
Stryper	Macht mich Lust zu singen
Stryper	Soldiers Under Command
Twisted Sister	Stay Hungry
Twisted Sister	Wir werden es nicht nehmen
Heiliges Reich	Wer ist schuld?
Heiliges Reich	Verbrechen gegen die Menschlichkeit
Vengeance Rising	Menschenopfer
Vengeance Rising	Brennen
Napalm Death	Suffer the Children
W.A.S. P	Fuck Like a Beast

Quelle: www.DarkLyrics.com –

Heavy Metal Lyrics Archive

REFERENZEN

Albrechtsen, J, Den Boer, A, Hoff Sommers, C und O'Neill, (2015): ANNUAL BIG IDEAS FORUM - Why "Grievance Feminism" is a Threat to Serious Feminist & Humanitarian Issues, in the Centre for Independent Studies, **http://www.cis.org.au/app/ uploads/2015/10/Speech-150824.pdf**

Anselmo, P (2016), 'Philip Anselmo Apology Full (Pantera) After "White Power"' in Rock Velvet (YouTube Channel) **https:// youtu.be/0CG8NF4DtRU**; Veröffentlicht am 30 Jan 2016

Angry Foreigner (2018): Kanye West & The Politics of Hip-Hop – in YouTube **https:// www.youtube.com/watch?v=qECAE8tSiMc**

Australian Record Industry Association (2001): 1996-2001 Listing; **http://www.aria.com.au/ pages/documents/1996-2001.pdf**

Australian Record Industry Association (2003): 'ARIA and AMRA Recorded Music Labelling Code of Practice – March 2003', Seiten 3-5; **http:// www.aria.com.au/pages/documents/ ARIAAMRACode_March2003_Final.pdf**

Australian Record Industry Association (2003): 2001-2003 Listing; **http://www.aria.com.au/pages/documents/2001-2003.pdf**

Australian Record Industry Association (2019): Was war tun; **http://www.aria.com.au/pages/what-we-do.htm**

Baddely, Gavin (2002), 'Goth Chic: A Connoisseur es Guide to Dark Culture', Seiten 162-173, 174-7, 184 und 245-272

Ballard, M.E., Dodson, A.R., and Bazzini, D.G. (1999): Genre of music and Lyrical Content – Expectation Effects' in Journal of Genetic Psychology, Dezember 1999, Band 160, Ausgabe 4, Seiten 476(1)

Bashe, P (1985), 'Heavy Metal Thunder', Omnibus Press, London, UK, S. 5-7, 144-6, 191

Bennett, T, Emmison, M, and Frau, J (1999), 'Accounting for Tastes - Australian Everyday Cultures', Cambridge University Press; Seiten 5, 171-200

Boeglin, N, T (2000): 'The Correlation between People es Music Preferences and their Sex Role Perceptions' in Missouri Western State University, **http://clearinghouse.missouriwestern.edu/manuscripts/214.asp**

Bradley, M (2003): 'A Fine Line Between Pleasure and Pain', in **http://groups.yahoo.com/group/**

HeavyMetalHeaven, abgerufen am 31. Mai 2003; ursprünglich in Journal of Personality and Social Psychology, Volume 84, Issue 5

Chirazi, S (1991): 'The Devil Made Me Do It' in Hot Metal, Ausgabe 27, Mai 1991, Seiten 32-4

Christe, I (2004): 'Sound of the Beast: The complete head banging history of heavy metal', pages 121, 125, 259-260, pages 262-3, 276-289, 291-3, 295-7. 263-5

Collerson, N (1992), 'Heavy Metal Turnout' in Telegraph Mirror, 21. April 1992

Community Broadcasting Association of Australia (2019): Über CBAA, in CBAA.org, **https://www.cbaa.org.au/about**

Community Broadcasting Association of Australia (2019): Finden Sie einen Sender, in CBAA.org, **https://www.cbaa.org.au/station#zoom=4&lat=-26.82407&lon=134.20898&layers=BT**

Community Broadcasting Association of Australia (2019): For Musicians, in CBAA.org, **https://www.cbaa.org.au/musicians**

Community Broadcasting Association of Australia (2019): Music Programming, in CBAA.org, **https://www.cbaa.org.au/music-programming**

Corrigan, P (2004), 'The Sociology of Consumption', Sage Publications, London, UK; Seiten 17,

28, 32

Crowder, S, Hoff-Summers, C, and Yiannopoulos, M (2016): The Triggering – Has Political Correctness Gone Too Far?, Milo Yiannopoulos, Steven Crowder and Christina Hoff Sommers at UMass (University of **Massachusetts**);in Milo Yiannopoulos' YouTube Channel, **https:// www.youtube.com/watch? v=yCcp36n2cDg**;datiert 25. April 2016. 'Internalisierte Misogynie' wird um 1:01:57 Uhr erwähnt

Dark Lyrics (2005), Heavy Metal Lyrics, **www.DarkLyrics.com**

Dawes, L (2013): Why Can't Black Kid Play Heavy Metal, in The Root, https://www.theroot.com/ why-cant-black-kids-play-heavy- metal-1790897062

Deyhle, D (1998), 'From Break Dancing to Heavy Metal', Youth and Society, September 1998, Volume 30, Issue 1, Seiten 3 (8)

Ditch the Label (2018): THE ANNUAL BULLYING SURVEY 2018. DIE JÄHRLICHE BENCHMARK FÜR MOBBING IM VEREINIGTEN KÖNIGREICH; Erstveröffentlichung im Juni 2018 bei Ditch the Label, **in https://DitchtheLabel.org**:Seiten 14, 25.

Dixon, T.L., & Linz, D.G: Obszönitätsgesetz und sexuell explizite Rap-Musik: Verständnis der Auswirkungen von Sex, Haltung und Überzeugungen", im Journal of Applied Communication Research, August 1997, Band 25, Nummer 3, Seite 217

Duffy, J (2018): Hat das Lachen über #MeToo denken "Baby seine Kälte draußen" ist "rapey", in Twitter; **https://twitter.com/JimTDuffy/status/1068685990041198592**?

Ebert, Roger (2006) 'Hip-Hop Music', aktualisiert um 4.28 Uhr, 2. Jun 2006; in **http://en.wikipedia.org/wiki/Hip_hop_music**

Fox, R, L (2004), 'Hip Hop es Bad Rap: Effects of French Language Rap Music on French Canadian Teens Studied', in Psychology Today, September-Oktober 2004, Volume 37, Issue 5, Seiten 32

Fried, C, B (2003), 'Stereotypes of Music Fans: Are Rap and Heavy Metal Fans a Danger to Themselves or Others?' In Journal ob Media Psychology, Volume 8, Nummer 3, Fall 2003

fuel10988 (2013): BRUTAL BREAKDOWN - Die Wahrheit freischalten; in YouTube, **https://www.youtube.com/watch?v=F2Q1qBNrlXo**; veröffentlicht am 20 Apr 2013.

Goldstein, T (? 1987): 'Great Balls of Fire and Brimstone – Stryper Explains It All for You' in Creem, S. 13-4

Hall, M (1997): 'Death Metal Pride' in Rolling Stone, Ausgabe 531, Januar 1997, Seiten 50-3

Hall, P, D (1998): 'The Relationship between the

Types of Rap Music and Memory in African American Children' in Journal of Black Studies, July 1998, Band 28, Nummer 6, Seiten 802 (13)

Hamilton, C (2004), 'Aggressive Music Festival', in **http://groups.yahoo.com/group/ metalheads_soapbox**, abgerufen am 23. Mai 2004; Originalquelle – Capital News 9 (Albany, New York)

Hendrickson, M (1997), "Revolution Rock – Rage Against the Machine" im Rolling Stone, 4. September 1997; Seite 40

Henot, J, S (2009) schauen nach Norden auf Goths!!! 5. Jun 2009 In Facebook Videos **https:// www.facebook.com/james.henot/ videos/194393410206/**

Holland, Bill (1996): 'Anti Rap Campaign to be directed to Five Major Record Labels', in Billboard.com, **www.billboard.com**, Volume 108, No 23, June 1996, pp8-10

Hunter-Tilney, L (2018): The re-emergence of white supremacist pop, in The Financial Times, **https://www.ft.com/ content/68033ace-9732-11e8-b747- fb1e803ee64e**

Jones, B (1986), 'Depression and the Ancient Zen of Positive Punk', in Juke, 8. November 1986 (Seite unbekannt)

Keating, M (1992), 'Heavy Metal Turnout' in Telegraph Mirror, 21. April 1992; Seitenzahl unbekannt

Keymo Embryo (2016): Eddie Trunk interviewt Philip Anselmo 15. Dezember 2016, **https://www.youtube.com/watch?v=GhTVj_OfSfc**; Veröffentlicht am 22 Dez 2016

Kirche, M, & Stein, L: 'Judas Priest – Five Horsemen of Apocalyptic Rock' in Faces, 1984, Seiten 305

Konow, D (2002), 'Bang Your Head: The Rise and Fall of Heavy Metal', Three Rivers Press, NYC, NY, USA; Seiten 41-2, 81, 108, 118-9, 120, 136-7, 148-9, 194-5, 218-221, 227-8, 260-1, 263-5, 285, 346-7

Krgin, B (1991): 'Slayer – The Drummer Speaks', in Metal Maniacs, Volume35, Issue 5, August 1991; Seiten 10-11.

La Course, E.; Claes, M., Villeneuvre, M. (2001): 'Heavy Metal Music and Adolescent Suicidal Risk', Journal of Youth and Adolescence, Jun 2001, Band 30, Ausgabe 3, Seiten 321

Levitan, D.J. (2006): Das ist dein Gehirn auf Musik; Penguin Random House, New York; Seiten - Innenseite, Seiten 240-3

Maschinenkopf (2016): Phil Anselmo schreit "weiße Macht", und die Stille ist ohrenbetäubend; in YouTube, **https://www.youtube.com/**

watch?v=fCBKzWg4WYo; Veröffentlicht am 29 Jan 2016

Mason, D (1992): 'Putting the Young on Their Mettle' im Telegraph Mirror, 22. April 1992, Seitenzahl unbekannt

McIver, J (2005), 'Behind the Crooked Cross' (Interview with Impaled Nazarene), Metal Hammer, Edition 143, September 2005; Seiten 128, 130.

McMahon, A (2018), Sind die Texte zu Baby, It es Cold Outside jetzt zu ungeeignet für Radio? veröffentlicht 3. Dezember 2018, in ABC News, https://www.abc.net.au/news/2018-12-03/is-baby,-its-cold-outside-appropriate-in-this-metoo-era/10576112

McNamara, L, and Ballard, M (1999): 'Resting Arousal, Sensation-seeking and Music Preferences' in Genetic, Social and General Psychology Monographs, 125.3 (August 1999); p220

Meldrum, M (1980), 'Kissettes Are Coming' in Meldrums Humdrum – TV Week, Seite unbekannt

Metalleux21 (2008): Phil Anselmo hält eine weiße Stolzrede Teil 1/2 – Video stammt aus dem Jahr 1995, in YouTube, https://www.youtube.com/watch?v=cxQk3DC3gL0&bpctr=1549957305; Veröffentlicht am 10 Aug 2008

Minton, S. J. (2012). Alterophobes Mobbing und prokonformistische Aggression in einer Umfrage unter Schülern der Sekundarstufe II in Irland. Journal of Aggression, Conflict and Peace Research, 4(2): 86–96.

Minton, S. J. (2016): Alterophobie und Hasskriminalität Konferenzpapier (PDF Verfügbar) Mai 2016 Conference: The Politics of Hate: Community, Societal and Global Responses, 2nd Biannual Conference of the International Network for Hate Studies., At University of Limerick. **https://www.researchgate.net/publication/303790574_Alterophobia_and_hate_crime**

Moorer, K (1987): 'Killing off the Kennedys' in Ram, 14. Januar 1987, Seiten 27

Original Hip Hop Lyrics Archive (2005): Rap Lyrics, **www.ohhla.com**

Pauschmann, G (2018): Gamer wird verhaftet, aber hier sind die Fakten, Veröffentlicht am 17 Dez 2018, für The Point TV, YouTube **https://www.youtube.com/watch?v=VZ3A6uNiPHQ&t=156s**

Persaud, R (2004), 'Teenage Victims of the Heavy Stuff' in Times Educational Supplement, June 11, 2004, Vol 0, Issue 4587, seiten 20

R, C (2016): Phil Anselmo ist ein Rassist! Ruinen Dime bash 2016; in YouTube, **https://www.youtube.com/watch?v=rVaUlXfvOHg**; Veröffentlicht am 27 Jan 2016

Reuters to My Yahoo (2003), 'Court Jails "Satanist" Heavy Metal Fans', 7. März 2003, in **http://groups.yahoo.com/group/europemetal**

Rick es Rants (2005), 'Music Doesn't Damage Us' in **http://www.deansplanet.com/ricksrant_05.html**; abgerufen am 31. Mai 2005

Ruiz, A.X. (2016): Können wir ohne Rassismus rocken? Conciing Race as a POC who Loves Heavy Metal, veröffentlicht am 18. Mai 2016, in The Body is not an Apology, **https://thebodyisnotanapology.com/magazine/the-anselmo-problem-racism-in-heavy-metal-alex/**; abgerufen am 12. Februar 2019 um 18:02:42 Uhr

Sedgwick, C (2018a), Der Kampf für freie Meinungsäußerung, YouTube-Video, geteilt in Blogger, **https://endmetallophobia.blogspot.com/2018/02/the-fight-for-free-speech.html?zx=57d033eea1d88764**

Sedgwick, C (2018b), The latest, in Blogger, **https://riseabovetherot.blogspot.com/2018/03/the-latest.html**

Smitherman, G (1997): 'The Chain Remains the Same: Communicative Practices in the Hip-hop Nation', in Journal of Black Studies, September 1997, Band 29, Nummer 1, Seiten 3 (23)

Snell, D, and Hodgetts, D (2004?): The Psychology of Heavy Metal Communities and White Supremacy in **https://www.waikato.ac.nz/__data/ assets/pdf_file/0010/149248/DaveSnell- DarrinHodgetts.pdf**, abgerufen Sonntag, 10. Februar 2019

Some Black Guy (2016): RE Racism in Metal, in YouTube, **https://youtu.be/ gx6NOElc7Zg**, hochgeladen 29 Jan 2016

Sophie Lancaster Foundation (2017a): Über uns, **https://www.sophielancasterfoundation.com/ index.php/about-us**

Sophie Lancaster Foundation (2017b): Homepage, **https://www.sophielancasterfoundation.com/**

St Lawrence, J.S., and Joyner, D.J. (1991): 'The Effects of Sexually Violent Rock Lyrics on Males' Acceptance of Violence against Women' in Psychology of Women Quarterly, März 1991, Band 15, Nummer 1, Seite 49

Stack, S. (1998): 'Heavy Metal, Religiosity and Suicide Acceptability' in Suicide and Life-Threatening Behaviour, Winter 1998, Volume 28, Issue 4, Seiten 388

Stack, S., Gundlach, J., Reeves, J.L. (1994): 'The Heavy Metal Subculture and Suicide' in Suicide and Life-Threatening Behaviour, Spring 1994, Volume 24, Number 1, Seiten 15

Starbuck, I Z (1995), 'The Atomic Shelter Interview', Flyer

Sternheimer, K (2003), 'It es Not the Media: The Truth about Pop Culture es Influence on Children'; Perseus Bücher; Seiten 6-7, 13-14, 25, 41, 127-8, 130, 137,140

TED Education (2018): Eine kurze Geschichte der Goths, in Facebook Videos, **https://www.facebook.com/TEDEducation/videos/2064621860217676/**

The US Government Printing Office, Washington (1985), Committee on Commerce, Science and Transportation; US-Senat, 99. Kongress, "First Session on the Contents of Music and the Lyrics of Records; in **http://www.joesapt.net/superlink/shrg99-529.html**

Took, K, J and Weiss, D, S (1994), 'The Relationship between Heavy Metal and Rap and Adolescent Turmoil: Real or Artefact? In Adolescence, Volume 29, Number 115, Fall 1994; Seiten 613-621

Travers, P (2017): 'Sophie Lancaster es Legacy', in Kerrang, **http://www.kerrang.com/features/sophie-lancasters-legacy/**

Udo, T (2005), 'Deaf Jam: Official! Metal Makes You Drive like a Nutter', in Metal Hammer, Edition 143, Seite 18

Unbekannter Autor, (1999), 'Chainmail' in Outsider, Band 3, Ausgabe 2, 1999, Seite 14

P. J. Watson : Conservatism is the New

Counterculture, in YouTube, **https://youtu.be/ s7FFkp3PMDA**. Veröffentlicht am 9. Februar 2017.

Watson, P. J. (2017b): Pädophile regieren die Welt, in YouTube: **https://youtu.be/o1GQehNcZZw**; veröffentlicht am 5. April 2017; Lydon kommt nach etwa 5 Minuten und 50 Sekunden in den Clip.

P. J. Watson : Populism is the New Punk, in You-Tube: **https://www.youtube.com/watch? v=KmEOM9TOIxU**; veröffentlicht am 27. März 2017; John Lydon spricht über den Brexit in 17 Sekunden im Video und Donald Trump mit 31 Sekunden.

Watson, P. J. (2017d): The REAL Agenda Behind YouTube Censorship; in YouTube **https:// www.youtube.com/watch?v=OS1Zf5MzhOU**

West Memphis 3 Web Master (2005a), 'Free the West Memphis 3' in **http://www.wm3.org**, abgerufen am 31. Mai 2005

West Memphis 3 Web Master (2005b), 'Urban Legends and Scepticism' in **http://www.wm3.org/live/ sp/document.php?type+4; http://www.wm3.org/live/ sp/document.php?type+4&document_Id=20; "http:// www.wm3.org/live/sp/document.php?type +4&document_Id=20"document_Id=20**, abgerufen am 18. Juni 2005

USEFUL VERKNÜPFT EINEND-RESSOURCEN

AUSTRALIEN

Das Australian Government Classification Board

- Webadresse: **http:// www.classification.gov.au/Pages/ Home.aspx**.

Diese gesetzliche Stelle fällt unter das Ministerium für Kommunikation und Kunst und hat den Zweck, Entscheidungen über Filme, Videospiele und Veröffentlichungen zu treffen, bevor sie der Öffentlichkeit rechtlich zugänglich gemacht werden können.

The Australien Recording Industry Assoziation

- Webadresse: **http:// www.aria.com.au/home.htm**
- Post-/Straßenadresse: Level 4, 11-17 Buckingham Street, Surry Hills, NSW, 2010

Nach dem, was ARIA (2019), dies ist, was sie tun:

ARIA ist in vielen Schlüsselbereichen der Music Industry -

- Wir treten als Fürsprecher für die Branche auf, sowohl im In- als auch im Ausland

- Wir unterstützen australische Musik und schaffen Möglichkeiten, sie zu hören

- Wir spielen eine aktive Rolle beim Schutz des Urheberrechts und im Kampf gegen Musikpiraterie

- Wir sammeln statistische Informationen von Mitgliedern und Einzelhändlern und erstellen zahlreiche ARIA-Diagramme mit Daten von über 1000 Einzelhändlern und Musik-Streaming-Diensten

- ARIA ist ein Fokus für Branchenmeinungen und Compiler von Brancheninformationen und -ansichten

- ARIA bietet in

bestimmten Fällen
eine Vervielfältigung-
slizenzfunktion im
Namen ihrer Mitglie-
der für verschiedene
Urheberrechtsnutzer

- Wir veranstalten die
  renommierten jähr-
  lichen ARIA Music
  Awards

- In Zusammenarbeit
  mit der Australien
  Music Retailers As-
  sociation (AMRA)
  unterstützen wir den
  freiwilligen Recorded
  Music Labelling Code
  of Practice

- ARIA ist die nationale
  Agentur des Austra-
  lian International
  Standard Recording
  Code (ISRC) und
  ordnet die Länder-
  und den Ersten
  Eigentümercodes
  Mitgliedern für die
  Codierung auf allen
  Audio- und audio-

visuellen Aufnahmen als Identifizierungs-methode zu.

- Wir helfen auch denjenigen in der Branche, die in schwere Zeiten ger-aten sind, durch un-sere Unterstützung von Support Act Limited, dem wohl-wollenden Fonds der Branche.

- Unser primäres Ziel ist es, die Interessen der australischen Plattenindustrie zu fördern, indem wir si-cherstellen, dass ARIA eine kohäsive, effek-tive und respektierte Organisation ist.

Mit der anhaltenden Unterstützung und den Mit-gliedernlokaler Plattenfirmen istder Erfolg von ARIAgarantiert. Wir nutzen die Talente von Schlüs-selbranchen, um das beste Ergebnis in Branchen-fragen und Herausforderungenzuerzielen.

Wenn Sie ein ARIA-Mitglied werden möchten, be-suchen Sie bitte unseren Mitgliederbereich.

COMMUNITY BROADCASTING ASSOZIATION OB AUSTRALIA

Diese Seite ist die "Go to"-Seite für Community-Radiosender in ganz Australien. Die Links zur Website umfassen:

- Community Broadcasting Association of Australia: **https://www.cbaa.org.au/**
- Community Radio Network: **https://www.cbaa.org.au/crn**

Laut ihrer Website (CBAA, 2019):

DerunRundfunk ist ein wichtiger Bestandteil der australischen Medienlandschaft. Die mehr als 450 Radiodienste,die in ganz Australien ausgestrahlt werden, spielen eine wichtige Rolle bei derBereitstellung einer Stimme für Gemeinden, die von anderen Rundfunksektoren nicht ausreichend bedient werden. Dazu gehören:

- *Indigene Australier*

- *Ethnische Gemeinschaften*

- *Bildungsdienstleistungen*

- *Religionsgemeinschaften*

- *Drucken von Behinder-
  tengemeinschaften*

- *Musik, Kunst und
  kulturelle Dienstleis-
  tungen*

- *Jugend- und Se-
  niorengemeinschaften*

Die Relevanz für diesen Text ist, dass Sie jeden Community-Radiosender in Ihrer lokalen Umgebung finden können (CBAA, 2019) und sie speziell für australische Musikinhalte eintreten (CBAA, 2019).

RYDE REGIONAL RADIO

- Webadresse: **http://2rrr.org.au/**
- Postanschrift: Postfach 644 Gladesville NSW 1675
- Frequenz: 88,5 auf dem FM-Zifferblatt

Wie ich bereits erwähnt habe, waren sie die einzige Station, die mich wirklich ins Community-Radio brachte und mich mit einer Vielzahl von Metal- und anderen "alternativen" Bands und Genres bekannt machte. Ich wusste sie zum ersten Mal 1986, als ich von Steve Murrays 'Metal Show' erfuhr.

GOOD
VIBES

VEREINIGTES KÖNIGREICH

GRABEN SIE DAS ETIKETT:

Dies ist eine Wohltätigkeitsorganisation, die Mobbing beseitigen soll (registrierte Wohltätigkeitsorganisation Nummer 1156329). Der Link zu dieser Website ist **https://www.ditchthelabel.org/**

INTERNATIONAL STANDARD RECORDING CODE (ISRC)

- Anschrift: IFPI - 7 Air St; London W1B 5AD; Vereinigtes Königreich
- E-Mail: **isrc@ifpi.org**
- Telefon: +44 (0)20 7878 7900
- Fax: +44 (0)20 7878 7950

SOPHIE LANCASTER FOUNDATION:

Eine Wohltätigkeitsorganisation, die Sophie Lancaster ins Leben gerufen hat, um nicht nur ihr Vermächtnis zu ehren, sondern auch Hass und Intoleranz von Menschen auszumerzen, die zu "alternativen Subkulturen" gehören, sowie die Inklusion dieser Menschen zu fördern, **https://sophielancasterfoundation.com/**

Diese Stiftung hat auch eine Facebook-Seite (**https://www.facebook.com/thesophielancasterfoundation**) und eine Twitter-Seite (**https://twitter.com/sophie_charity**).

EINHEITE UNITSTAATEN VON AMERIKA

RECORDING INDUSTRY ASSOCIATION OF AMERICA (RIAA)

- Webadresse: **https://www.riaa.com/**
- Postanschrift: 1025 F Street, NW, 10th Floor, Washington DC, 20004

Die RIAA ist:

... die Handelsorganisation, die die kreative und finanzielle Vitalität der großen Musikunternehmen unterstützt und fördert. Seine Mitglieder bilden die dynamischste Plattenindustrie der Welt und investieren in großartige Künstler, um ihnen zu helfen, ihr Potenzial auszuschöpfen und sich mit ihren Fans zu verbinden. Fast 85% aller legitimen Tonträger, die in den Vereinigten Staaten produziert und verkauft werden, werden von RIAA-Mitgliedern erstellt, hergestellt oder vertrieben.

Die RIAA hat außerdem:

... Werke zum Schutz des geistigen Eigentums und der Rechte von Künstlern und Musiklabels; Durchführung von Verbraucher-, Industrie- und technischen Forschung; und überwachen und überprüfen staatliche und föderale Gesetze, Verordnungen und Richtlinien. RIAA zertifiziert außerdem Gold®, Platinum®, Multi-Platinum™, Diamond und Los Premios De Oro y Platino™ Vertriebs- und Streaming-Awards.

Sie sind auch die US-Niederlassung für den ISRC (International Standard Recording Code)

- Postanschrift: 1025 F Street, NW, 10th Floor, Washington DC, 20004 (Attn: US ISRC Agency Representative)
- Webadresse: https://www.usisrc.org/
- E-Mail: **ISRC@riaa.com**
- Telefon: 202.857.9626.
- Fax: 202.775.7253

WARUM MUSIK ZÄHLT?

- Webadresse: https://whymusicmatters.com/

Dies ist eine Online-Ressource für Musikfans (in den USA), die sie über die richtigen autorisierten digitalen Modelle und Dienste für den Online-Zugriff auf Musik informiert.

KONTAKTIEREN SIE MICH

(Solange du kein Stalker bist, habe ich nichts dagegen)!!!

Ich komme von vielen verschiedenen Plattformen in Bezug auf das Internet und Social Media. Ich bin seit den alten "dot.com"-Tagen ziemlich online, hatte anfang der 2000er Jahre eine Geo-Cities (DIY) Website und war Mitglied mehrerer Yahoo-Gruppen. Ich war sogar eine Weile auf

Meinem Platz. Zum Zeitpunkt des Schreibens, Umschreibens und Veröffentlichens dieses Buches habe ich mich jedoch vielen weiteren Social-Media-Plattformen angeschlossen und habe jetzt unterschiedliche Web- und E-Mail-Adressen.

WEB UND E-MAIL

Sie können sich in Verbindung setzen über:

- Ausblick: **csedgwick67@outlook.com.au**
- G-Mail: **colsedgo67@gmail.com**
- Offizielle Webadresse: **https:// colsedgo67.wixsite.com/sedgieart**

SOZIAL MEDIA

Lesen und sehen Sie sich meine neuesten Sachen, und (wenn Sie es genug mögen) kaufen meine Merch.

Adobe:

Eine Auswahl meiner Arbeit ist über diese Seiten verfügbar.

- Adobe-Portfolio: **https:// csedgwick67.myportfolio.com/**
- Behance: **https://www.behance.net/ Sedgo1967**

Blogger:

Lesen Sie Blog-Beiträge auf diesen Seiten und halten Sie sich auf dem Laufenden mit den neuesten (und hoffentlich größten) Arbeiten in Arbeit.

- Blog 1: Ein Stück meiner Kunst (Artwork by Yours Truly), **https://sedgieart.blogspot.com/**
- Blog 2: Aufstieg über die Rot, **https://riseabovetherot.blogspot.com/**

Klappentext:

Kaufen Sie Hard-Kopien und E-Books meiner Publikationen online, **http://au.blurb.com/user/SedgieArt**

Café Presse:

Kaufen Sie Waren über diese Website - **http://www.cafepress.com.au/sedgieart**

Facebook:

Bleiben Sie auf einer der größten Social-Media-Plattformen hier auf dem Laufenden - **https://www.facebook.com/SedgieArt**

Instagram:

Eine weitere Möglichkeit, auf dem Laufenden zu bleiben: **https://www.instagram.com/ sedgwickcolleen67/**

Verknüpft In:

Auf der Suche nach einem sehr vielseitigen und multitalentierten Menschen, der in der Lage ist, als Teil eines Teams zu arbeiten? Nun, suchen Sie nicht weiter, **https://www.linkedin.com/in/ colleen-sedgwick-51a0315b/**

Patreon:

Unterstützen Sie mich hier: **https:// www.patreon.com/SedgieArtOnPatreon**

Pay Pal:

Sie können Sachen kaufen, für Dienstleistungen bezahlen und mich finanziell unterstützen hier: **https://www.paypal.me/CSedgwick977**

Rote Blase:

Weitere Waren können Sie hier kaufen: **http:// www.redbubble.com/people/sedgieart**

Youtube:

Sehen Sie meine Online-Videos hier: Colleen es

Corner, **https://www.youtube.com/channel/UCAByI9gLxcXwspVnZu-z36A**

BESONDERER DANK AN:

Die Professoren und Dozenten der UNE (University of New England, Armidale, NSW, Australien), die meine Doktorarbeit überwacht und markiert haben (Sie alle werden eine Erwähnung in der Nähe dieses Buches erhalten).

MEINE FAMILIE UND MITSCHÜLER AUS DER SCHULE.

Alle meine Freunde in der Heavy Metal Community hier in Australien und weltweit.

Die Moderatoren von Ryde Regional Radio (2RRR) in Sydney (das ist 88,5 auf Ihrem FM-Zifferblatt) – vor allem diejenigen, die Shows zu Metal, Hard Rock und Punk getan haben.

BESTÄTIGUNG-SKANTEN

Ich möchte mich beifolgenden Schlüsselpersonen bedanken, die mir bei der Entwicklung dieses Schreibens geholfen haben:

UNIVERSITY OB NEW ENGLAND:

- Dr. Peter Corrigan: School of Social Sciences - der mich in der Forschung und Entwicklung meiner Abschlussarbeit betreute.
- Dr. John Scott (PhD): School of Social Sciences – einer der Mitarbeiter, die meine Abschlussarbeit mitgeprägt haben.
- Dr. David Goldsworthy: UNE Music – der andere Mitarbeiter, der meine Doktortheat mitgeprägt hat.

RYDE REGIONAL RADIO (2RRR SYDNEY, 88.5FM)

(Ihr Leute habt mich inspiriert, diese These zu schreiben):

- Zandrah and Prawn Man (Sean Smith): Gastgeber von "The Dead End on 2rrr" (von 1998 bis 2017).
- Mark Raphael: Gastgeber von 'Smacked About by Mark' (von 1997 bis 2017).
- Alan Hotham: der Zan und Prawn ersetzte, als sie 2rrr verließen.
- Neil Rochow: a.k.a. Der Rock-Mann, den ich seit 1996 kannte und der mich zum Radio Training-Kurs inspirierte.
- Steve Murray: Moderator der 'Metal Show' und einer der ursprünglichen Moderatoren auf 2rrr, der seine Sendezeit dem Metal widmete.
- Mark Cushway: der eine Show mit dem Titel Metal for Jesus gemacht hat und mir gezeigt hat, dass es möglich ist, sowohl Metalhead als auch Christ zu sein.
- Scott and Thomas: The Dark Hours – eines der ersten "extreme Metal"-Programme, das die ganze Nacht auf Montagabend lief und am nächsten Morgen

um 6:00 Uhr endete

- Früher gab es The Witching Hours (ich vergesse die Namen derer, die diese Show gemacht haben) – es ging auch bis spät in die Nacht.

Danny Kaleda: Moderator von Monday Night Metal – eine Show, die 3 Stunden von 19 bis 22 Uhr lief. Er und Mark waren wahrscheinlich die beiden dienstältesten Gastgeber, die Metal-Shows auf 2rrr machten.

Liebe Bestimmte Arten Von Musik, Die Nicht Jedermanns 'Tasse Tee' Ist?

Dieses Buch gibt einen Einblick in die Stigmatisierung der Heavy Metal Szene aus verschiedenen soziologischen und psychologischen Perspektiven. Wie ist es im Vergleich zu anderen Musikgenres, wie rap, zum Beispiel? Wie schaffen Fans eine soziale Welt basierend auf ihren Musikpräferenzen? Beruht das darauf, wie andere Bürger mit ihnen umgehen? Und ist die Behandlung (basierend auf Musikpräferenz) gut oder schlecht?

Nun, nur Sie können herausfinden, ob Sie Ihre Hand in Ihre Tasche stecken und mir die Farbe Ihres Geldes zeigen (oder in diesem Fall Ihre Kreditkarten erhalten und/oder zu PayPal gehen).

Und wenn du ein Heavy-Metal-Fan bist, predige ich hier wahrscheinlich den 'Konvertierten', aber du wirst wahrscheinlich ein gutes Lachen daraus bekommen. Ditto, wenn du Rap magst. Aber selbst wenn sie es nicht tun, wissen Sie vielleicht (und Gott bewahre, Liebe) jemanden, der es tut. Warum nicht kaufen Sie dies für sie als Geschenk? Sie werden dich wahrscheinlich dafür lieben.

Oder besser noch, kaufen Sie das Buch, kommen Sie auf die "dunkle Seite" und sehen Sie selbst, wie und warum so viele junge Menschen bestimmte Arten von Musik kennen und lieben, die Sie vielleicht nicht mögen (oder sogar gehört haben). So oder so, ich hoffe, Sie, der geliebte Kunde, wird dies bis zum Hals genießen.

Prost

Colleen